音楽科授業サポートBOOKS

楽譜が
みるみる
読める！

今村 央子・酒井 美恵子 著

小学校
音楽 音符＆
リズムワーク

明治図書

はじめに

本書を開いてくださいました皆様，ありがとうございます。

本書は，次の２点を念頭に作成しました。

1　楽譜を読む力が無理なく楽しく身につく

　本書では低学年からリズム，音の高さ，強弱などをさまざまな活動を通して楽しみながら，楽譜と親しんでいくことができます。そして，自分のつくった音楽を書き留めて，お友達に演奏してもらう活動などを通して，喜びとともに楽譜の役割を実感できるように構成しました。

　「無理なく」「楽しく」が本書構成のポイントであり，先生方のご指導のポイントでもあると思います。楽しく児童とともに楽譜に親しんでいただけたら幸いです。

2　小学校の担任の先生の音楽の授業に使いやすいもの

　音楽の専科の先生がすべての児童を担当していらっしゃる小学校もありますが，数は多くありません。多くの学校で担任の先生がご自身で音楽の授業をなさっています。そのため，担任の先生が担当する音楽の授業で使いやすいものを作成しました。

　なるべく授業場面が思い描きやすく，そして掲示物やワークシートとしてそのままでも使えるページを豊富に入れてあります。

　そのままで，アレンジをして，日々の授業にご活用ください。ワークシートはＡ４やＢ４サイズに拡大すると見やすくなります。

　最後に，本書作成に当たりまして，小学校の担任の先生に使いやすいよう，きめ細やかな助言をくださいました丸山智子先生，迅速に分かりやすく美しく編集してくださいました木村悠氏に心から御礼申し上げます。

平成27年11月

今村　央子

酒井　美恵子

楽譜を読む力を身につけるために‥‥‥

　音楽は生活を明るく楽しく豊かにしてくれるものです。
　楽譜を読む力が身につくと，興味や意欲がわき，お友達と一緒に音楽をするのが，一層楽しくなります。「楽譜がわかる」「自分で読める」力を着実につけるために，本書は次の到達目標を設定して作成しました。この目標が達成できると，自ら進んで楽譜を読んで音楽活動をすることができます。それは子どもたちの人生が一層豊かになることにつながります。先生と児童が一緒に楽しく楽譜を読む力を高めましょう。

学　年	要　素	目　標
1年生	リズム	「たん」と「うん」（♩と♩）を自在に使える。
	音高	低いド～高いミをドレミ体操で楽しめる。
2年生	リズム	「たた」（♫）を自在に使える。 スキップリズムとシンコペーションが楽しく味わえる。
	音高	ド～ソが読めて，鍵盤ハーモニカで吹ける。
	強弱	フォルテとピアノが使い分けられる。
3年生	リズム	スキップリズムとシンコペーションを自在に使える。 3拍子の簡単なリズムが打てる。 リズムのしくみが理解できる。
	音高	低いド～高いドが読め，リコーダーで吹ける。 譜読みのしくみが理解できる。
	強弱	クレシェンド，デクレシェンドを表現できる。
4年生	リズム	ターンタ（♩♪）のリズムが打てる。 4／4，3／4，2／4の指揮ができる。
	音高	高いドレミが読め，リコーダーで吹ける。
5年生	リズム	自分で拍節感とテンポを維持できる。 6／8を数えることができる。
	音高	低いド～高いミの中の音を使った簡単なリズムの旋律をリコーダーで吹ける，または鍵盤で演奏できる。
	その他	指揮を拍子によって振り分けることができる。
6年生	リズム	タカタカ（♬♬），タ　タカ（♩♫）を拍子の中でリズム感よく打てる。
	音高	低いド～高いソを使った簡単なリズムの旋律をリコーダーで吹ける，または鍵盤で演奏できる。
	その他	拍子や曲想をふまえてアンサンブルで他の人の音を聴いて合わせられる。指揮ができる。

本書の構成と使い方

本書は次のような構成となっています。

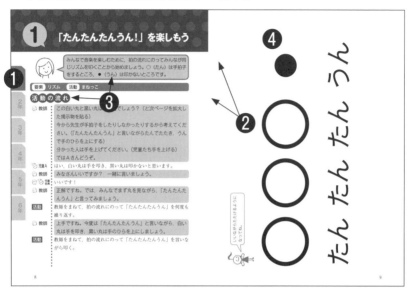

❶ **学年**
あくまで目安です。児童の実態に応じてご活用ください。

❷ **活動名，要素，学習活動**
そのページの活動名と，どのような要素を扱うか，そしてどのような学習活動を通して行うかが分かります。

❸ **リード文と活動の流れ**
リード文により，そのページの活動の概要が分かり，活動の流れは授業をイメージしやすいように構成しました。

❹ **教材や手持ち資料のページ**
そのままお使いいただけます。また，児童の実態や授業者のねらいに応じてアレンジしても使えます。

● **その他**
紹介している教材曲は歌唱共通教材の他，教科書教材や広く親しまれている音楽です。例示ですので，他の教材に変えてもかまいません。楽しく読譜力を高めてください。なお，ソプラノ・リコーダーの楽譜は，本来実音が1オクターブ上を示すためにト音記号の上に小さな8を書きますが，本書はつけずに記譜しています。

目　次

はじめに　2
楽譜を読む力を身につけるために　3
本書の構成と使い方　4

1年生

❶ 「たんたんたんうん！」を楽しもう　8
❷ 「たんたんたんうん！」に言葉をつけよう　10
❸ たんとうんをいろいろなジェスチャーで楽しもう　12
❹ たんとうんの間違い探しをしよう　14
❺ ドレミ体操をしよう　16
❻ いろいろな高さをからだであらわそう　18
❼ ドレミとミファソを歌いながらドレミ体操をしよう　20
❽ ドレミを鍵盤ハーモニカで楽しもう　22
❾ ドレミのあてっこ　24
❿ お友達の書いた音符を吹いてみよう　26

2年生

⓫ たんうんダンスをしながら音楽を聴こう　28
⓬ たんとうんを足で楽しもう　30
⓭ たんたんたんうんに「たた♫」を入れるよ！　32
⓮ ロケットリズム（たたんた♪♪のリズム）を楽しもう　34
⓯ スキップリズム（たっかたっか♫♫のリズム）を楽しもう　36
⓰ 工夫してドレミ体操をしよう　38
⓱ 「アビニョンの橋の上で」に強弱をつけよう　40
⓲ 「かえるの合唱」を吹こう　42
⓳ 「かえるの合唱」を完成させよう　44
⓴ 音楽をつくって吹こう　46

5

- ㉑ ロケットリズム (♩♪ ♪) に言葉をつけて楽しもう　48
- ㉒ スキップリズム (♫ ♫) に言葉をつけて楽しもう　50
- ㉓ ロケットリズムとスキップリズムでまねっこしよう　52
- ㉔ ２拍子と３拍子を楽しもう　54
- ㉕ ４拍子の指揮をしよう　56
- ㉖ 指揮で強弱をあらわそう　58
- ㉗ 線を囲む音符を書いて楽器で吹こう　60
- ㉘ 間に音符を書いて楽器で吹こう　62
- ㉙ 楽譜を書いて楽器で吹こう　64
- ㉚ ドレミファソラで音楽をつくってみんなで吹こう　66

- ㉛ 「ターンタ♩.♪」のリズムを楽しもう　68
- ㉜ リズムの間違い探しとしりとりをしよう　70
- ㉝ ２拍子の指揮をしよう　72
- ㉞ ３拍子の指揮をしながら音楽を楽しもう　74
- ㉟ ３拍子を指揮して強弱を表現しよう　76
- ㊱ フラッシュカードで楽譜を読もう　78
- ㊲ いろいろなリズムでソラシドレを吹こう　80
- ㊳ 「オーラリー」の楽譜を完成させて吹こう　82
- ㊴ ト音記号と音符をきれいに書こう　84
- ㊵ すてきなメロディーをつくってリコーダーで吹こう　86

5年生

㊶ リズムアンサンブルを工夫しよう① 88
㊷ 8分の6拍子に親しもう 90
㊸ 強弱に気をつけて「こいのぼり」の指揮をしよう 92
㊹ 拍子の流れにのっていろいろな指揮をしよう 94
㊺ リズムクイズ① 96
㊻ 「春の小川」を完成させてリコーダーで吹こう 98
㊼ 「夕やけこやけ」を完成させてリコーダーで吹こう 100
㊽ 「とんび」を完成させてリコーダーで吹こう 102
㊾ メロディークイズ（既習曲を聴き取る）① 104
㊿ 日本的なメロディーをつくってリコーダーで吹こう 106

6年生

51 リズムアンサンブルを工夫しよう② 108
52 「タカタカ♬♬」と「タ タカ♪♬」で「春の海」を味わおう 110
53 俳句にリズムをつけよう 112
54 強弱に気をつけて「ふるさと」の指揮をしよう 114
55 リズムクイズ② 116
56 「春がきた」を完成させてリコーダーで吹こう 118
57 「かたつむり」を完成させてリコーダーで吹こう 120
58 メロディークイズ（既習曲を聴き取る）② 122
59 自分の俳句にメロディーをつけよう 124
60 まとまりのあるメロディーをつくってリコーダーで吹こう 126

1 「たんたんたんうん！」を楽しもう

みんなで音楽を楽しむために，拍の流れにのってみんなが同じリズムを叩くことから始めましょう。○（たん）は手拍子をするところ，●（うん）は叩かないところです。

要素 リズム　活動 まねっこ

活動の流れ

教師	この白い丸と黒い丸は一体何でしょう？（と次ページを拡大した掲示物を貼る） 今から先生が手拍子をしたりしなかったりするから考えてください。（「たんたんたんうん」と言いながらたんで叩き，うんで手のひらを上にする） 分かった人は手を上げてください。（児童たち手を上げる） ではAさんどうぞ。
児童A	はい，白い丸は手を叩き，黒い丸は叩かないと思います。
教師	みなさんいいですか？　一緒に言いましょう。
児童全員	いいです！
教師	正解ですね。では，みんなでまず丸を見ながら，「たんたんたんうん」と言ってみましょう。
活動	教師をまねて，拍の流れにのって「たんたんたんうん」を何度も繰り返す。
教師	上手ですね。今度は「たんたんたんうん」と言いながら，白い丸は手を叩き，黒い丸は手のひらを上にしましょう。
活動	教師をまねて，拍の流れにのって「たんたんたんうん」を言いながら叩く。

たん　たん　たん　うん

○　○　○　●

いいながらたたけるように なってね。

② 「たんたんたんうん！」に言葉をつけよう

「たんたんたんうん」が楽しく拍の流れにのって言ったり叩けるようになったりしたら、今度はこのリズムに言葉をつけて楽しみましょう。3文字の言葉と発展として5文字の言葉をつけていきます。

1年

要素 リズム　　活動 まねっこ

活動の流れ

教師：今日は，「たんたんたんうん」に言葉をつけて遊びます。（前ページを拡大した掲示物を貼る）では，まず先生が言った言葉を「たんたんたんうん」の手拍子をしながらまねしてください。

活動：活動教師も児童も「たんたんたんうん」のリズムを叩きながら，
T「いるか●」→C「いるか●」→T「くじら●」→C「くじら●」→T「くらげ●」→C「くらげ●」→T「まぐろ●」→C「まぐろ●」→T「おわり●」→C「おわり●」

教師：上手にできました。今のは何文字言葉か分かりましたか？
（「いるか」と言いながら指で3を示す）

児童全員：3文字です！

教師：そうですね，3文字の言葉を「たんたんたん」のところに入れました。それではみなさんも3文字の言葉を考えてみましょう。食べ物で考えてみましょう。
（「食べ物」「動物」「スポーツや遊び」などテーマを絞るとよい）

教師：それでは，順番にまねっこしてみましょう。立って輪になってください。

活動：児童が食べ物をテーマに3文字言葉を「たんたんたんうん」のリズムにのってリレーしていく。

発展：5文字の言葉も加えて，「たんたんたんうん」のリズムにのってリレーする。

3文字言葉の例（拗音，促音，撥音は1音で扱う）

食べ物	動物	スポーツや遊び
● りんご	● こあら	● やきゅう ● まらそん
● けーき	● らいおん	● てにす ● ぼーる
● ぷりん	● りす	● ごるふ ● たこ
● かれー	● くじゃく	● かるた
● ましゅまろ	● いるか	● すきー
● おすし	● おうむ	● なわとび

5文字言葉を加えた例

花	行事	給食
● さくら	● おしょうがつ	● つくらい ● はんばーぐ
● すみれ	● なつやすみ	● すぱげてぃい ● ぎょーざ
● きんぽうげ	● うんどうかい	● おでん ● さらだ
● ぶーけんびりあ	● せつぶん	● ぎゅうにゅう
● ちゅーりっぷ	● ひなまつり	● さらだ
● かすみそう	● おちばはき	● きゅうしょく
● あじさい	● ゆのまごと	● いいかくがく
● だりあ	● おんがくかい	● おのみもの

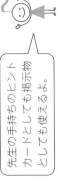

先生の手持ちのヒントカードとしても掲示物としても使えるよ。

3 たんとうんをいろいろなジェスチャーで楽しもう

○（たん）と●（うん）の記号が読めるようになったら、今後はいろいろなところで○（たん）を叩いて楽しみます。まずは先生のまねっこから、そして児童同士のまねっこへ。さらにお互いを叩いて盛り上がりましょう。

要素 リズム　活動 まねっこ

活動の流れ

教師 きょうは、「たんたんたんうん遊び」の続きです。からだのいろいろなところで「たん」を叩きましょう。

教師 では（右ページの拡大版を貼る）まず❶から手で叩きながら「たんたんたんうん」を言ってみましょう。

活動 教師と児童で❶から❹まで、叩きながらたんうんを言う。

教師 それでは、先生のまねをしてください。

活動 教師が手拍子以外で「たん」を叩いたら、児童がまねをする。
〈「たん」を叩くところの例〉
・太もも　・ひざ　・腕を交差して反対側の肩

教師 上手に出来ました。今度は自分でいろいろなところを叩いてみましょう。どこを叩くか考えて、練習してみてください。（しばらく様子を見てから）それでは、みんなで一緒にやってみます。

活動 教師が指示する番号のリズムを児童が思い思いのところを叩いて表現する。この時に拍の流れにのって行うことを大切にする。

発展

教師 今度は列ごとにお友達の肩を叩いてみます。たんたんたんうんを叩いたら、次は後ろのお友達の肩を叩いてみましょう。

活動 「小さく前へならえ」をして列を整えて、遊ぶ。まわれ右をするので、例示したリズム以外で行う場合でも、2小節目の4拍目は●（うん）にするとよい。

からだのいろいろなところでてんをたたきましょう

❶ ○たん ○たん ○たん ●うん ― ○たん ●うん ○たん ●うん

❷ ○たん ●うん ○たん ●うん ― ○たん ●うん ○たん ●うん

❸ ○たん ●うん ○たん ○たん ― ○たん ○たん ○たん ●うん

❹ ○たん ○たん ○たん ●うん ― ●うん ○たん ●うん ●うん

「うん」は手のひらを上にしよう。

❹ たんとうんの間違い探しをしよう

○(たん)が叩くところ、●(うん)が叩かないところを定着するために、間違い探しをしてみましょう。そして、間違い探しができるようになったら、間違いリズムを取り入れたしりとりに発展します。

1年

要素 リズム　　活動 まねっこ、読譜

活動の流れ

教師：今日は、「たんたんたんうん」遊びで間違い探しをします。(と言って、次ページの拡大掲示物を貼る)
まず、たんとうんを言いながら❶から叩いてみましょう。4回ずつ繰り返します。

活動：掲示物を見ながら児童が「○○○●」「○●○●」「○○●○」をそれぞれ4回ずつ繰り返す。

教師：それでは、今から先生が❶を叩きます。間違って叩くかもしれないから、どこが違っていたか後で発表してください。

活動：教師が❶のどこか1つ (例「○○●●」など) 間違えて叩く。当てられた児童「3つめがたんなのに、うんと間違っていました。」教師「よくできました。」(❶〜❸のどこか1つ間違えて、それを当てることを何度も楽しむ。例「○●○○」、「○○○○」)

発展
教師：❶と❷を続けて先生が叩きます。どこか1つ間違えるから、気を付けてまねっこしてください。(1つ間違えたまねっこを教師と児童で楽しむ)

発展
教師：❷と❸で先生としりとりをします。(教師❷→❸、児童❸→❷を繰り返す) 今度は❸を1つ間違えます。それをまねするしりとりをしましょう。
(例:教師「○●○●」「○○●●」児童「○○●●」「○●○●」教師「○●○●」「○○○○」児童「○○○○」「○●○●」…)

14

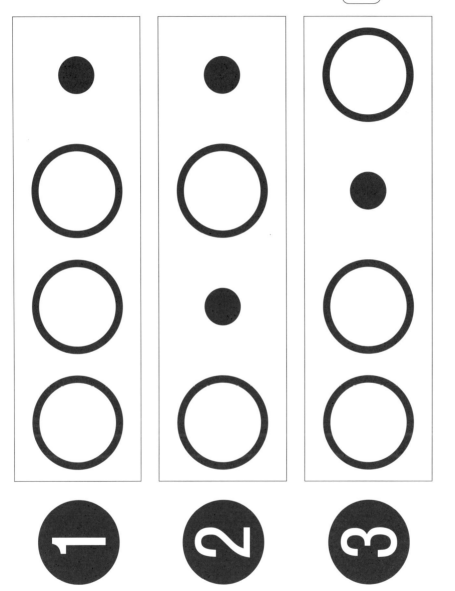

5 ドレミ体操をしよう

1年

楽譜を読むためには，実際の音の高低と音符の上下を関連させることが大切です。ここでは，音の高低とからだの上下を関連させて，楽しく動きながら読譜の基礎を培います。

要素 音高　活動 まねっこ

活動の流れ

準備
あらかじめ，ペギー葉山作詞／ロジャーズ作曲「ドレミのうた」を歌えるようにしておく。

教師
今日はドレミの体操を覚えましょう。（次ページを拡大して掲示する）

活動
ゆっくりドレミ…を歌いながら，教師のリードでからだを動かす。

教師
みんなドレミファソラシドレミそれぞれの手の場所を覚えたので，今度は先生のまねっこをしましょう。

活動
「○○○●」のリズムで，いろいろな高さを教師が歌いながらドレミの体操をする。（教師「ドレミ●」児童「ドレミ●」教師「ミファソ●」児童「ミファソ●」教師「ソラシ●」児童「ソラシ●」教師「シドレ●」児童「シドレ●」など）はじめは隣り合った音が取り組みやすい。

教師
今度は「ドレミのうた」に合わせてドレミの体操をしてみましょう。まずは歌を復習しましょう。

活動
みんなで「ドレミのうた」を歌う。

教師
上手に歌えたので，今度はさっき覚えたドレミ体操をしながら歌ってみましょう。

活動
歌いながらドレミ体操をする。たとえば「ソは青い空」の時は，ソのポジションを保ったままからだを左右に動かすなどして楽しむ。

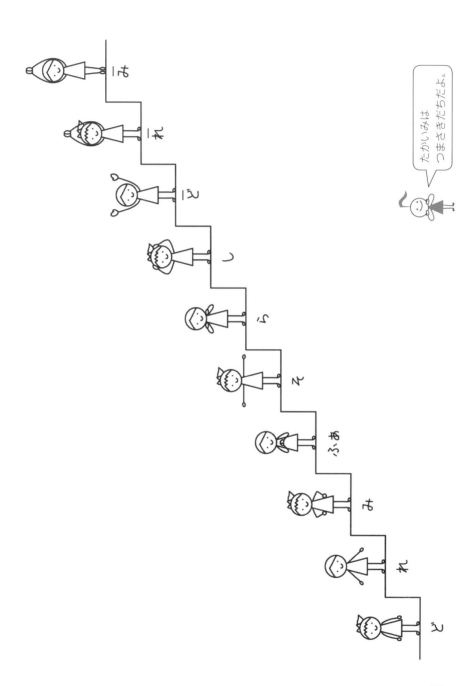

6 いろいろな高さをからだであらわそう

1年

音高とからだをかかわらせた活動は,読譜の基本を培います。ここでは,歌唱共通教材である「日のまる」と「かたつむり」をドレミ体操で復習します。階名唱とからだの動きにより,効果的に音の高低を実感できます。

|要素| 音高　|活動| まねっこ

活動の流れ

準備　「日のまる」と「かたつむり」を覚えて歌えるようにしておく。ドレミ体操ができるようにしておく。

教師　今日は,ドレミ体操を先生のまねっこをして楽しみます。(前ページの掲示物を貼る)では,立ってください。お友達とぶつからないように広がりましょう。

活動　「日のまる」を♭1つのヘ長調で記譜している教科書もあるが,主音をドと読む移動ド唱法で歌う。教師(ドレミ体操をしながら)「ドドレレミミレ●」→児童「ドドレレミミレ●」,教師「ミミソソラララソ●」→児童「ミミソソラララソ●」,教師「ララソソミドレ●」→児童「ララソソミドレ●」,教師「ソソミドレミド●」→児童「ソソミドレミド●」

教師　何の歌か分かりましたか？(手を上げた児童に)はい,Aさん。
児童A　「日のまる」の歌です。
教師　そうですね。では,「日のまる」をドレミ体操をしながら歌えるようにしましょう。(次ページの掲示物を貼る)

活動　8拍のまねっこ→16拍のまねっこ→通してドレミで歌いながらドレミ体操というように無理のないよう展開する。(他に「チューリップ」「かえるの合唱」「ちょうちょ」なども効果的である)

発展
教師　今日も先生のまねっこをして,「かたつむり」のドレミ体操をしましょう。(跳躍が多いので,ゆっくり行うとよい)

ドレミでうたいましょう

ねん　くみ なまえ

日のまる

かたつむり

7 ドレミとミファソを歌いながらドレミ体操をしよう

五線のうち2本を目立たせた楽譜で「ドレミ」と「ミファソ」に親しみます。先生やお友達のまねっこをするとともに、自分で好きな動きを選ぶことで、読譜力の向上につながります。

要素 音高　活動 まねっこ，歌唱，読譜

活動の流れ

教師：今日は，ドレミ体操をしながら，まねっこ遊びをしましょう。使う音はこれです。（と言って，次ページの拡大掲示物を貼る）❶から順番に先生がドレミ体操をしながら歌うので，まねっこしてください。

活動：教師のまねをする。

教師：上手にできました。今度は，この❶〜❽の中から自分の好きなものを選んで，まねっこリレーをしましょう。まず，自分の好きなものを選んで練習しましょう。

活動：児童が❶〜❽の中から好きな音形を選んで歌いながらのドレミ体操を練習する。

教師：練習をやめてください。それでは，立ってぶつからないように輪になって，みんなでまねっこリレーをしましょう。

活動：それぞれの児童が選んだ音形を歌いながらドレミ体操をして，A児→全員でA児のまね→B児→全員でB児のまね…と楽しむ。

発展
教師：ドレミファソの中から3つ選んで，まねっこリレーをしましょう。例えば（ドレミ体操をしながら）「ドミソ●」や「ドソド●」のように，飛ぶ音も使って大丈夫です。リズムは「たんたんたんうん」です。❶から❽と同じでもOKです。

活動：児童各自で練習し，その後まねっこリレーをする。

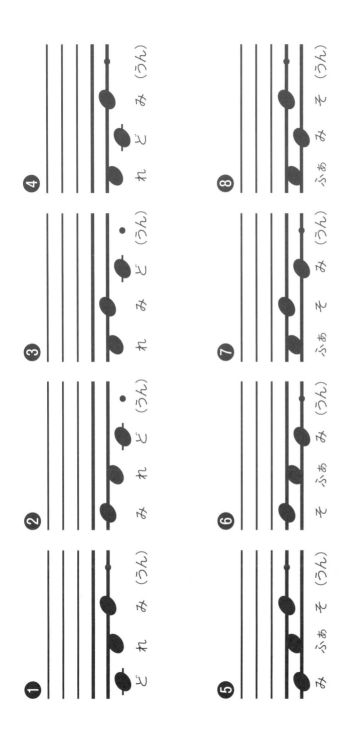

8 ドレミを鍵盤ハーモニカで楽しもう

1年

階名と音符の関係を覚えるために,ここでは点線の図形をなぞり,符頭(たま)に親しみます。音符の各部の名称は右図のとおりです。

要素 音高　活動 まねっこ,読譜,記譜

活動の流れ

準備　鍵盤ハーモニカを吹く経験をしておく。

教師　まずドレミ体操をしましょう。

活動　今までの取り組みのドレミ体操をまねっこで行う。その時に「ドレミ●」を何度か入れる。

教師　上手にできました。今日は,「ドレミ●」を音符で書けるようにしましょう。(黒板に次ページの音符を書く部分を板書または拡大して掲示する)点線をなぞって見やすい音符にします。やり方は分かりましたか。(やって見せる)
それでは,これからプリントを配ります。ドレミをきれいになぞれたら,鍵盤ハーモニカを出して,吹いてください。

活動　児童はプリントを受け取ったら,音符をなぞる。なぞり終わった児童から,鍵盤ハーモニカを出して,ドレミを吹く。

教師　みんな音符が書けて,上手に吹けるようになったので,先生とまねっこしましょう。

活動　教師は鍵盤ハーモニカで「ドレミ●」→児童も鍵盤ハーモニカで「ドレミ●」を繰り返す。次に歌で教師→児童のまねっこをする。

教師　次は「ミレド●」を書いて,鍵盤ハーモニカで吹きましょう。

活動　「ドレミ●」と同様,書いた後に吹けるよう練習し,教師→児童でまねっこをする。

おんぷをかいて，ふきましょう

きれいになぞって，
「たんたんたんうん」
のリズムでふこう。

ねん　くみ なまえ

❶ つぎの**おんぷ**をなぞりましょう。

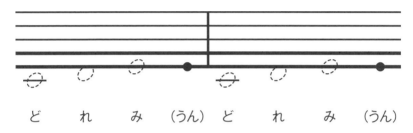

　　ど　　れ　　み　（うん）　ど　　れ　　み　（うん）

❷ なぞったら，けんばんハーモニカでふいてみましょう。

❸ こんどは**みれど**をなぞってふきましょう。

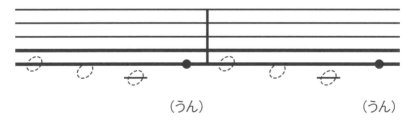

　　　　　　　　　（うん）　　　　　　　　　（うん）

❹ なぞったらけんばんハーモニカでふいてみましょう。

23

❾ ドレミのあてっこ

ドレミの高さを示す記号と実際の音の高さを一致させるために,クイズのように楽しみます。鍵盤ハーモニカで吹いたり,先生の演奏を聴いたりします。発展的に間違っている音を考えるなど多様な活動を取り入れています。

要素 音高　活動 まねっこ,器楽

活動の流れ

教師：まず,ドレミを歌いながら,ドレミ体操をしましょう。(と言って,次ページを拡大掲示物として貼る)立ってください。❶から4回ずつ繰り返しましょう。

活動：❶〜❻をドレミ体操しながら歌う。それぞれ4回ずつ繰り返す。教師も一緒にやりながら,拍の流れにのって行うようリードする。

教師：上手に出来ました。座ってください。今度は鍵盤ハーモニカで吹きましょう。4回ずつ吹きます。

活動：❶〜❻を鍵盤ハーモニカで4回ずつ繰り返しながら演奏する。

教師：上手に出来ました。今度は,先生が鍵盤ハーモニカで❶か❷を吹きますから,どちらを吹いたか当てましょう。

活動：❶と❷,❸と❹,❺と❻の組み合わせで,あてっこを楽しむ。

発展

教師：よくできました。次に❶を吹きますが,間違い探しをしましょう。分かった人は手を上げましょう。

活動：❶だけを課題とし,どこかひとつ教師が間違える。(「ドドミ●」や「ドレド●」「レレミ●」「ミレミ●」など)「Aさん答えてください。」児童A「はい,音符はドレミと書いていますが,先生はドドミと吹きました。」教師「よくできました。ではみんなで❶と間違いを続けて吹きましょう。」→「ドレミ●」「ドドミ●」の演奏をする。以下,同様に間違い探しと演奏をする。

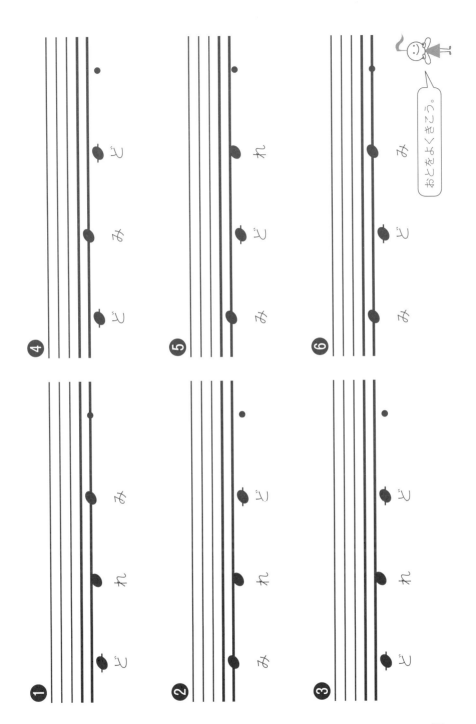

⑩ お友達の書いた音符を吹いてみよう

1年

1年生のしめくくりとして,ドレミを組み合わせた音符を書いて,クラスのお友達みんなで演奏するという体験をしましょう。記譜,読譜,器楽,音楽づくりを取り入れたしめくくりにふさわしい活動です。

要素 音高　活動 記譜，読譜，器楽，音楽づくり

活動の流れ

教師：今日はドレミをつかって音楽をつくって，みんなで鍵盤ハーモニカで楽しみましょう。（と言って，次ページのワークシートをプリントして配布する）まずは，ドレミの音符を書く練習をしますので，プリントの❶をやってみましょう。

活動：復習として，点線の音符をなぞる。

教師：それではつくるヒントとして，❶から❻でドレミ体操と鍵盤ハーモニカをしましょう。（と言って前ページの拡大掲示物を貼る）

活動：復習として❶から❻をドレミ体操をした後，鍵盤ハーモニカで吹く。

教師：上手にできました。それでは，プリントの❷をやってみましょう。黒板の❶〜❻と同じになっても大丈夫です。自分の好きな組み合わせを書いて，鍵盤ハーモニカで吹いて確かめましょう。

活動：プリントの❷に取り組み，書けたら鍵盤ハーモニカで吹く。

教師：気に入った方をプリントの❸にきれいに書きましょう。お友達に見てもらうので，ていねいに書きましょう。

活動：気に入った方をプリントの❸に清書する。教師は集めて，プロジェクターなどで映し，「Aさんの作品です。2回ずつ吹きましょう」などと促す。児童の様子によって，例えば「ドレミ●｜ドレミ（Bさん）」「ミレド●｜ミレド（Cさん）」などのように，休符で次の児童の名前を呼びながら作品を提示すると途切れず演奏できる。

どれみのおんがくをつくりましょう

ねん　くみ なまえ

❶　おんぷをかくれんしゅうをしましょう。

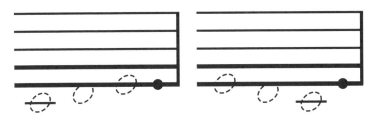

❷　どれみをつかって「たんたんたんうん」のおんがくをつくりましょう。

❸　みぎとひだりのどっちがいいかな？
　　みんなにふいてもらいたいおんがくをどれみをつかってかきましょう。

⑪ たんうんダンスをしながら音楽を聴こう

からだを動かしながら音楽を聴くと，特徴がよく分かります。ここでは，今までの学習で定着している○（たん）と●（うん）をステップにし，2拍子系の音楽を聴いて楽しみます。

要素 リズム　活動 鑑賞

活動の流れ

😊 教師：今日は，「たんうんダンス」をします。（と言い，次ページの拡大掲示物を貼る）まず，「たんうん」を言いながら，手を叩きましょう。先生のまねっこをしてください。

活動：教師「たんうんたんうん」→児童「たんうんたんうん」（何度か繰り返して）教師「(「○○○●」で）おわり●」→児童「おわり●」

😊 教師：上手にできました。では，足のイラストを見てください。「うん」のところはつま先です。先生が手で動きを表しますから，みんなは「たんうんたんうん」を言いましょう。

活動：児童が「たんうんたんうん」を繰り返す中で，教師は児童に見やすいように，黒板や空中で手によって動きを見せる。

😊 教師：それでは，机の上に両手を出して，まずは手で動いてみましょう。教師が「たんうんたんうん」を繰り返す中で，児童が手でたんうんダンスをする。

😊 教師：上手に動くことができました。では，立って足で動きましょう。左足からです。さんはい！

活動：教師が「たんうんたんうん」を繰り返す中で，児童がたんうんダンスをする。

😊 教師：それでは音楽に合わせてたんうんダンスをしましょう。（曲の例「さんぽ」「ミッキーマウスマーチ」「ジェンカ」など）

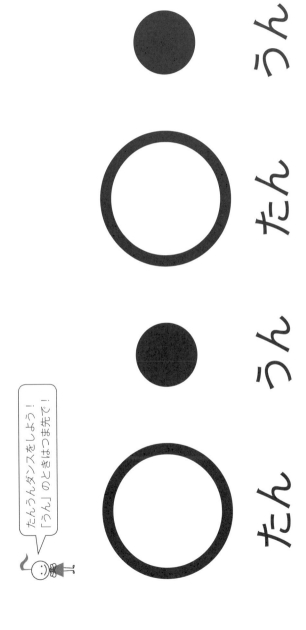

⑫ たんとうんを足で楽しもう

「たうんダンス」ができるようになったら、今度はいろいろなリズムを歩きながら足であらわします。うんのところでつま先を寄せるため、休符を実感できます。歩くことができる安全で広い場所で取り組みます。

要素 リズム　活動 まねっこ，読譜

活動の流れ

教師：「たうんダンス」が上手になったので、いろいろなリズムを足であらわしましょう。（と言って，活動4の「○○○●」「○●○●」「○○●○」を拡大掲示物として貼る。切り離して真ん中の「○●○●」を最初に行うと取り組みやすい）まず「たんうん」を言いながら2回ずつ手で叩きましょう。

活動：復習として、3つのリズムを2回ずつ言葉と手で表現する。

教師：上手にできました。今度は足でやってみます。うんの時はつま先です。では、先生のあとに続いてやりましょう。

活動：教師は手で動きを見せながら「○●○●｜○●○●」→児童は足でまねっこする。教師「○○○●｜○○○●」→児童は足でまねっこ、教師「○○●○」→児童は足でまねっこする。

教師：それでは、ゆっくり歩きながらやってみましょう。先生が同じリズムを2回繰り返しますので、たんで歩いて、うんはつま先を寄せて止まります。始めの1歩は左足からです。

活動：教師は大きな声でたんうんのリズムを8拍分言いながら、自分も動く。児童はそれを聴いて広いスペースを好きな方向に動く。
（例：既習の3つのリズムの他「○●●○｜○●●○」など）

発展：「じゃんけん列車」と組み合わせて、教師の8拍をみんなでまねっこする。

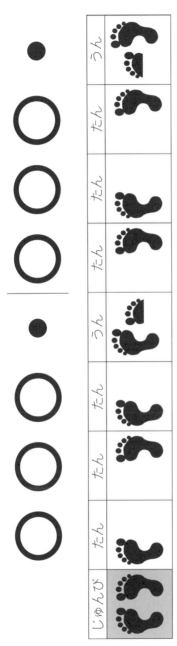

13 たんたんたんうんに「たた♫」を入れるよ！

今まで，たんを○，うんを●であらわしてきました。少しずつ，通常の音符に慣れてほしいところです。ここでは，4分音符と4分休符に慣れるとともに，8分音符にも親しみます。

要素 リズム　活動 まねっこ，読譜

活動の流れ

教師：たんたんたんうんのまねっこ遊びをしましょう。

活動：教師の言葉と手拍子や言葉と足のステップなどをまねっこして楽しむ。その中に，「たんたんたたたん」のように，8分音符を混ぜておく。

教師：上手にできました。今日から，「たんたんたんうん」は，このような音符であらわします。慣れてくださいね。（と言って，次ページの上のリズムを拡大掲示物として貼る）では，これを見ながらたんたんたんうんと言って手を叩きましょう。2回やります。

活動：2回言葉と手でリズムをあらわす。

教師：さっきのまねっこリズムで「たた」というリズムが入っていました。みんな上手に叩けていました。（と言って，次ページの下のリズムを拡大掲示物として貼る）「たた」はこのように上で手をつないだ音符であらわします。やってみましょう。2回やります。

活動：2回言葉と手で「たたたたたたうん」をあらわす。

教師：上手にできました。今度は，上の「たんたんたんうん」のどこかのたんの上に「たた」を貼るので，2回ずつ叩いてみましょう。（と言って，切り取った「たた」を1，2，3拍のいずれかの上に貼る）

活動：2回言葉と手でたとえば「♩♫♩𝄽」を表す。1，2，3拍のどこかに「♩♩♫𝄽」などと貼り替えて，楽しむ。

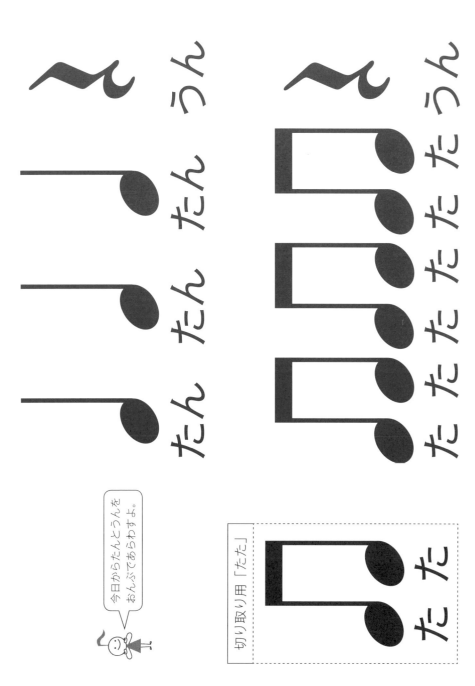

14 ロケットリズム（たたんた ♪♪♪ のリズム）を楽しもう

8分音符が入ると，リズムが生き生きしてきます。ここでは，♪♪♪のリズムにロケットリズムとニックネームをつけて，ロケットリズムの言葉を探したり，唱えたりします。

要素 リズム　活動 まねっこ，読譜

活動の流れ

準備
あらかじめ，「たたんた」「ロケット」と言いながら手拍子でリズムを叩く体験をしてから，「ヒコーキ」のようなロケットリズムの言葉を探す宿題を出す。「ッ」や「ー」のいずれも可とする。

教師
今日は宿題だった「ロケットリズム」を発表してください。（と言って，次ページの♪♪♪を板書するか拡大して貼る）他の人と同じ言葉でも大丈夫ですよ。では，全員発表しましょう。（と言って，児童を順番に当てて，発言を板書していく。その時に，「食べ物」「乗り物」「遊び」などに分類するとよい）

たくさん「ロケットリズム」が集まりました。みんなで「たたんた」の手拍子もしながら，見付けた人がまず言って，それをみんなでまねっこしましょう。真ん中の音を強く言うとロケットリズムのよさが出ますよ。（と言って，いくつか教師が発音する）

活動
板書した言葉を指し棒などで指しながら，その言葉を発表した児童がまず言い，他の児童がまねするように進める。何人かが発表した言葉は教室のあちらこちらから一緒に声が上がるのも楽しい。

〈ロケットリズムの例〉

ころっけ	ふるーつ	ひこーき	ぐろーぶ	ぐるーぷ	すかーと
かれーこ	おちゃっぱ	じどうしゃ	すけーと	すけっち	すりっぱ
すてーき	くれーぷ	じてんしゃ	らけっと	すきっぷ	すとーる

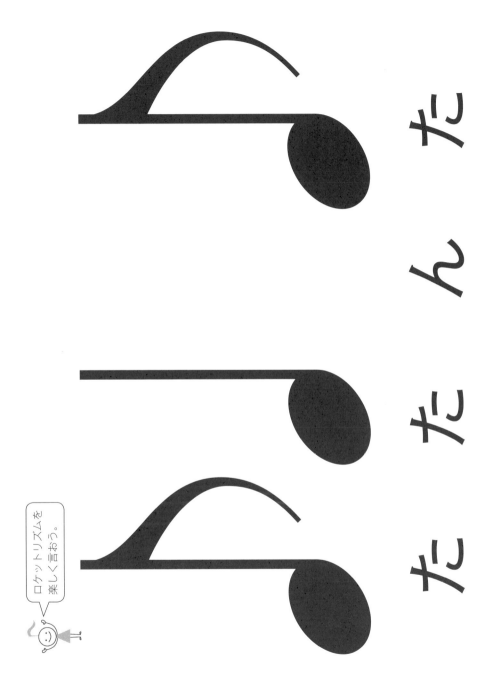

15 スキップリズム（たっかたっか ♪♫のリズム）を楽しもう

スキップする時に生まれるリズムには、付点音符が含まれています。そこで、「たっかたっか♪♫」のリズムに「スキップリズム」とニックネームをつけ、付点音符の入ったリズムの躍動感を感じて、言葉を楽しみます。

|要素| リズム　|活動| まねっこ，読譜 |

活動の流れ

準備　あらかじめ「たっかたっか」と言いながらスキップしたり手を叩いたりしてリズムを体験してから、「モップ」や「ナッツ」などの小さい「ッ」が真ん中に入ったスキップリズムの言葉を探す宿題を出す。

教師　今日は宿題だった「スキップリズム」を発表してください。（と言って、次ページの♪♫を板書するか拡大して貼る）他の人と同じ言葉のこともあると思いますがそれでも大丈夫ですよ。では、全員発表しましょう。（と言って、児童を順番に当てて、発言を板書していく。その時に、関係のある言葉をそばに書くとよい）
たくさん「スキップリズム」が集まりました。みんなで「たっかたっか」の手拍子もしながら、見付けた人がまず2回言い、それをみんなで2回まねっこします。跳ねる感じで楽しく言いましょう。

発展　板書した言葉を指し棒などで指しながら、その言葉を発表した児童がまず「モップモップ」のように2回言い、他の児童が同じく2回まねするように進める。ロケットリズム同様、何人かが発表した言葉は教室のあちらこちらから一緒に声が上がるのも楽しい。

〈スキップリズムの例〉

ぽっと	てぃっしゅ	しっぷ	よっと	こっぷ	きっぷ
にっと	まっと	みっと	かっぷ	きって	ばっじ
らっこ	ばっと	らっぷ	とって	かっぱ	らっぱ

スキップのリズムを楽しく言おう。

16 工夫してドレミ体操をしよう

1年生の時から体験を重ねているドレミ体操で、「たんたんたんうん」のリズムにのって、自分の好きな高さを表現します。お互いにまねをしながら、楽しくメロディーづくりをします。

要素 音高　　活動 まねっこ, 音楽づくり

活動の流れ

準備　1年生の時からドレミ体操を体験し、身体の動きと音の高さを無理なくあらわせるようにしておく。

教師　ドレミ体操をしながら今まで歌った歌を歌いましょう。（と言って、次ページのイラストの拡大図を掲示する。見出しは伏せる）

活動　①「ドレミのうた」を歌いながら、ドレミ…が出てくるところでポーズをする。②「日のまる」「かたつむり」などを階名唱しながらドレミ体操をする。

教師　上手にできました。今日は「たんたんたんうん」のリズムにドレミ体操をつけながら歌ってまねっこしましょう。（と言って掲示物の見出しを見せる）では、まず先生のまねっこをしてください

活動　教師がドレミ体操をしながら「ドレミ●」→児童もドレミ体操をしながら「ドレミ●」、教師「ミファソ●」→児童「ミファソ●」、教師「ソラシ●」→児童「ソラシ●」、教師「シドレ●」→児童「シドレ●」、（一通りド～高いレを体験したら教師「ドミソ●」→児童「ドミソ●」、教師「ドファラ●」→児童「ドファラ●」などのように跳躍する動きも体験する）

教師　それでは、グループで1つ考えてみましょう。（生活班で1つ考えるとよい）

活動　グループで考えたドレミ体操をみんなでまねっこする。

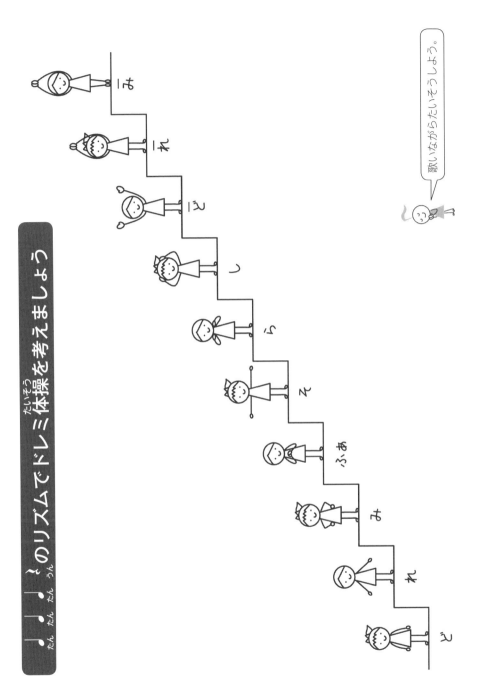

17 「アビニョンの橋の上で」に強弱をつけよう

「アビニョンの橋の上で」の歌詞を生かして強弱を工夫します。楽譜は活動24を，「たんうんダンス」は活動11を参照してください。

要素 リズム，強弱　　活動 リズム唱

活動の流れ

教師：今日は，「アビニョンの橋の上で」という曲を聴きながら，「たんうんダンス」をしましょう。橋の上で楽しく踊るという歌です。

活動：教師のピアノの演奏や歌，CDなどの音源に合わせて，立って足を左右に動かしながら聴いて楽しむ。

教師：楽しく上手にダンスができました。それでは，今度は，この「アビニョンの橋の上で」の最初の部分をたんうんでリズムを言ってみましょう。（と言って，次のページの拡大掲示物を貼る。その時，たんうんの文字は隠しておく）ここのリズムはたんうんでいうとどうなりますか。（と言って，1小節目を示す）分かった人は手を上げてください。では，Aさん。

児童A：はい，たたたんです。

教師：あっていますね。（と言って，たたたんの文字をそこだけ開く。このように，クイズ形式で各小節を確認する。3小節目，4小節目，7小節目にスキップ［たっか］のリズムがあることも気付かせる）では，みんなでリズムを言ってみましょう。

活動：みんなで「たたたん，たたたん～」と何度か言って楽しむ。

教師：今度は，橋の上をいろいろな動物が通っているつもりで，大きな声や小さな声で言ってみましょう。まず，リスさんが通ります。

活動：リスをイメージして弱く可愛らしく言う。その他，「クマ（強く）」「ネズミ（弱く）」「ゾウ（強く）」「ハムスター（弱く）」などをイメージして，強弱をつけて楽しくリズム唱をする。

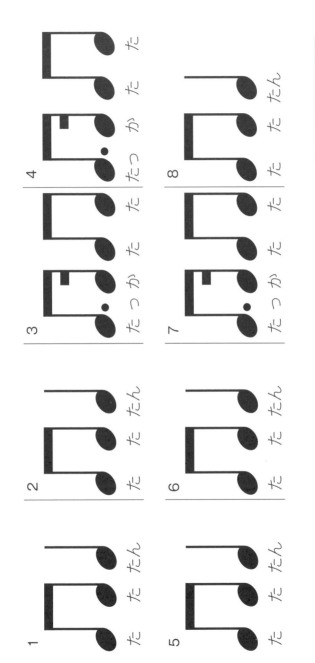

18 「かえるの合唱」を吹こう

「かえるの合唱」をリズム唱したり,ドレミ体操をしたり,鍵盤ハーモニカを吹いているつもりで空中で指を動かしたり。いろいろな活動を取り入れて,楽譜がリズムと音高を示していることに親しめるようにします。

要素 音高, リズム　活動 まねっこ, 器楽

活動の流れ

準備：鍵盤ハーモニカで,「かえるの合唱」を吹く経験をしておく。

教師：みんなが「かえるの合唱」を上手に鍵盤ハーモニカで吹けるようになったので,「ケロケロケロケロ」のところを「たた」のリズムで練習しましょう。まずは,たんうんで言ってみましょう。(と言って,次ページの拡大掲示物を貼る)

活動：「かえるの合唱」のリズム唱をする。

教師：上手にできました。今度は,ドレミで歌ってみましょう。

活動：階名唱をする。

教師：上手にできました。今度は,ドレミで歌いながら,ドレミ体操をしましょう。

活動：階名唱をしながらドレミ体操をする。

教師：上手にできました。今度は,鍵盤ハーモニカで吹くつもりで,空中に右手を上げて,指を動かしましょう。「ケロケロケロケロ」のところを「たた」のリズムで動かしましょう。

活動：教師が階名唱で歌いながら,児童が空中で指を動かす。

教師：上手にできました。それでは鍵盤ハーモニカで吹いてみましょう。

活動：通して吹いたり,2小節ずつ交互にしたり,輪唱のように吹いたりして楽しむ。

かえるのがっしょう

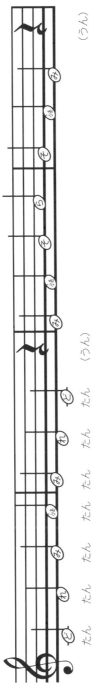
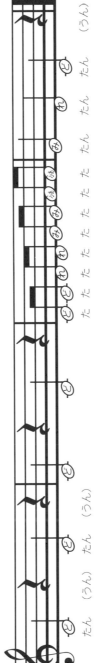

19 「かえるの合唱」を完成させよう

 さまざまな活動を通して「かえるの合唱」に親しんだところで,ここでは,「かえるの合唱」の音符を書く活動を取り入れます。どれみは「み抜き」の楽譜で「み」だけ選んで第1線を囲むように丸を描き,塗ります。

要素 音高 活動 記譜

活動の流れ

準備 ひとつ前の「かえるの合唱」のいろいろな活動を楽しんでおく。

教師 「かえるの合唱」を覚えていますね。ドレミ体操をしながら歌ってみましょう。

活動 「かえるの合唱」をドレミ体操をしながら歌う。

教師 上手にできました。今日は「かえるの合唱」の楽譜を完成させるお勉強をします。頑張りましょう。(と言って,次のページをプリントにして配布する)まず❶の練習問題をしましょう。点線をなぞって,中を黒く塗りつぶします。

活動 プリントの❶に取り組む。教師は机間指導をする。

教師 みんな上手に書けています。では,書いた楽譜をまずたんうんでリズム唱しましょう。

活動 ❶をたんうんでリズム唱する。

教師 よくできました。今度はドレミで歌ってみましょう。

活動 ❶を「ドレミファミレド●」と歌う。

教師 上手に歌えました。それでは,❷をやってみましょう。「かえるの合唱」の「み」の音だけ書きます。全部で7個書きます。

活動 ❷に取り組む。教師は机間指導をする。その後,書けたことを確認したら,自分で書いた楽譜を見て歌ったり鍵盤ハーモニカで吹いたりする。

おんぷを書いてふきましょう

年　組　名前

❶　おんぷを書くれんしゅうをしましょう。
　　てんせんをなぞって，なかを黒くぬりましょう。

❷　「み」がぬけた「かえるのがっしょう」の楽ふに，「み」を書いてかんせいさせましょう。

20 音楽をつくって吹こう

ドレミファソの音を使って8拍の音楽をつくります。自分でつくった音楽を吹いたり、楽譜にしてお友達と一緒に吹いたりします。つくった音楽を書き留めることで、他の人が再現できる、という楽譜の役割を体験します。

|要素| 音高　|活動| 記譜，器楽

活動の流れ

教師　今日は，音楽をつくってみんなで楽しみましょう。まず，このリズムを叩きましょう。（と言って，次ページの❶のリズムを板書または拡大して掲示する）たんうんで言ってみましょう。

活動　児童は「たんたんたんたん｜たんたんたんうん」を唱える。

教師　よくできました。次にドレミファソを歌ってみましょう。（と言って，次ページの❷の楽譜を板書または拡大する。その際，黒く塗りつぶしたものを提示する）

活動　教師のまねっこをしたり，ドレミ体操をしたりして，楽しく歌う。

教師　上手に歌えました。それでは，これからこのリズムとこのドレミファソを使って鍵盤ハーモニカで音楽をつくってみましょう。先生はこんな音楽をつくりました。（と言って，「ドレミミ｜レソド●」など，いくつか吹いて聴かせる。「ドドドド｜ソミド●」のように同じ音を使ったり，跳躍を入れたりしてもよい）

活動　児童が鍵盤ハーモニカで音楽をつくる。

教師　それでは，つくった音楽を楽譜にします。（といって次ページをプリントにして配布する）❷で音符を書く練習をしてから，つくった音楽を❸に書きましょう。

活動　つくった音楽を記譜し，発表したり，プロジェクターで映してみんなで吹いたりして楽しむ。

おんぷを書いて，みんなでふきましょう

お友だちも見やすいように
ていねいに書こう。

年　　組　名前

❶ つかうリズムです。

❷ つかう音です。なぞってぬりましょう。

❸ つくった音楽を書きましょう。黒いたまを書いたら，ぼうもつけてみましょう。

21 ロケットリズム(♪♩ ♪)(タタンタ)に言葉をつけて楽しもう

2年生では，ロケットリズムそのものの面白さをリズム唱や言葉を付けて楽しみました。ここでは，ロケットリズムを含むリズムに合う短い詩をつけたり，短い詩にリズムを当てはめたりします。

要素 リズム　活動 まねっこ，音楽づくり

活動の流れ

準備：活動14の「ロケットリズム（たたんた♪♩ ♪のリズム）を楽しもう」の経験をしておく。

教師：今日はまず，言葉と手拍子をまねしてください。「ロケットリズム，はじまるよ！●」（→児童が手を叩きながら，「ロケットリズム，はじまるよ！●」）

よくできました。今の「ロケットリズム，はじまるよ！●」を音符であらわすとプリントの❶のリズムになります。（と言って，次ページをプリントとして配布する）みんなで，タンウンでリズム唱してみましょう。

活動：みんなで「タタンタタタタン｜タタタタタタンウン」（同様に❷と❸もリズム唱とリズムにのった言葉を唱える。）

教師：リズム唱がよくできました。これからグループで，❶，❷，❸のどれかのリズムに短い詩をつけてください。後で発表しましょう。もし，やっていて合わないところがあったら❹の欄を使って書いてください。例えば「ロケットリズム，おーわーり●」としたい場合は，2小節目がタンタンタンウンのリズムになりますね。

活動：生活班でグループになり，❶～❸のリズムに合う言葉をいろいろ試す。その後，発表をまねっこして全員で楽しむ。

22 スキップリズム（♩♫♫）に言葉をつけて楽しもう

2年生でスキップリズム（♫♫）に親しみました。ここでは，スキップリズムの言葉を取り入れて，詩を考えたり，詩に合わせてリズムを考えたりして，躍動的なリズムを楽しみます。

要素 リズム　　活動 まねっこ，音楽づくり

活動の流れ

準備　活動15の「スキップリズム（たっかたっか♫♫のリズム）を楽しもう」の経験をしておく。

教師　今日はまず，言葉と手拍子をまねしてください。「ホットドッグだいすき｜おいしいね！●」（→児童が言葉と手拍子で「ホットドッグだいすき｜おいしいね！●」）
よくできました。今の「ホットドッグだいすき｜おいしいね！●」を音符であらわすとプリントの❶のリズムになります（と言って，次ページをプリントとして配布する）みんなで，たんうんでリズム唱してみましょう。

活動　みんなで「タッカタッカタタタタ｜タタタタタンウン」（同様に❷と❸もリズム唱とリズムにのって言葉を唱える）

教師　よくできました。これからグループで，❶，❷，❸のどれかのリズムに短い詩をつけてください。後で発表しましょう。もし，やっていて合わないところがあったら❹の欄を使って書いてください。例えば「もっともっと（たべたいな）」としたい場合は，「もっともっと」が「タッカタッカ」ですね。

活動　生活班でグループになり，❶〜❸のリズムに合う言葉をいろいろ試す。その後，発表をまねっこして全員で楽しむ。

ホットドックだいすき　おいしいね！

年　　組　名前

23 ロケットリズムとスキップリズムでまねっこしよう

ロケットリズムとスキップリズムを使って8拍のリズムをつくり,お互いにまねっこします。どこに使ったらよいか考えたり,お友達の工夫を聴き取ったりと多様な活動を通してそれぞれのリズムの定着を図ります。

要素 リズム　　活動 まねっこ,音楽づくり

活動の流れ

準備 ロケットリズムとスキップリズムの活動(活動14, 活動15, 活動21, 活動22)を経験しておく。

教師 これから叩くリズムはロケットリズムとスキップリズムのどちらが入っていますか?(と言って,「♩♩♩♩｜♩♩♩ ♪」のどこか1ヶ所にどちらかのリズムを入れて叩く。何度か行い,児童が聴き分けられることを確認する)
それでは,今日はリズムをつくってまねっこします。(と言って,次ページを拡大して掲示するとともに,手元で操作できるようにカードとして配る)まず,ロケットリズムをどこか1ヶ所に入れてつくりましょう。入れるのはこの3ヶ所にしましょう。お友達と同じになってもよいです。まねっこしましょう。

活動 児童が「♩♩♩♩｜♩♩♩ ♪」のどこか1ヶ所にロケットリズムを取り入れたリズムをつくり,みんながまねをして楽しむ。

教師 上手にできました。今度はスキップリズムをどこか1ヶ所に取り入れたリズムをつくります。7ヶ所も入れるところがありますね。

活動 児童が「♩♩♩♩｜♩♩♩ ♪」のどこか1ヶ所にスキップリズムを取り入れたリズムをつくり,みんながまねをして楽しむ。

発展
教師 グループで,ロケットリズムとスキップリズムを1つずつ入れたリズムをつくって発表し,みんなでまねっこしましょう。

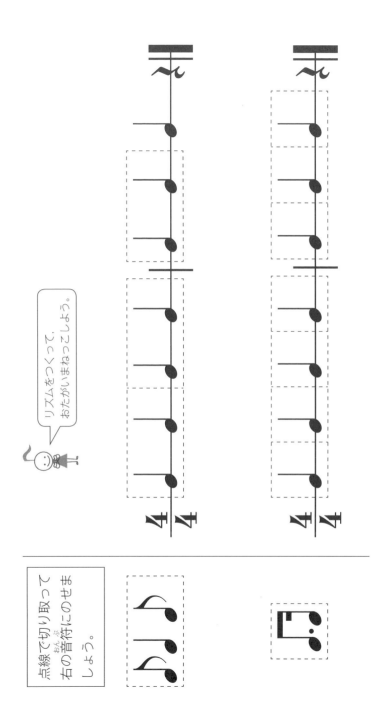

24 2拍子と3拍子を楽しもう

拍子を身体で表して楽しみます。また,既習の歌唱曲で拍子グループと歌唱グループを体験して,拍子を感じながら歌う経験を重ねます。2拍子では「アビニョンの橋の上で」,3拍子では「海」を教材としています。

要素 リズム　**活動** まねっこ,リズム唱

活動の流れ

準備（2拍子）

教師
2拍子の「アビニョンの橋の上で」を歌えるようにしておく。

今日は,先生が1,2,3や1,2と言いながら手を動かすので,まねっこしてください。「1,2｜1,2」(→児童は身体の動きとともに「1,2｜1,2」という。何度かまねっこを繰り返す)上手にできましたね。これは2拍子でしょうか？　3拍子でしょうか？（強い拍と弱い拍が「1,2｜1,2」と繰り返すので2拍子ということを確認する）

それでは,クラスを2つに分けて,1グループはまず,今の「1,2」を,2グループは「アビニョンの橋の上で」をリズム唱で歌いましょう。（2回目はグループの役割を逆にする）

準備（3拍子）

3拍子の「海」を歌えるようにしておく。
上記を「1,2,3｜1,2,3」と「海」で行う。

2拍子の身体の動き	3拍子の身体の動き
① ② ① ②	① ② ③ ① ② ③

リズム唱とからだの動きで拍子を感じましょう

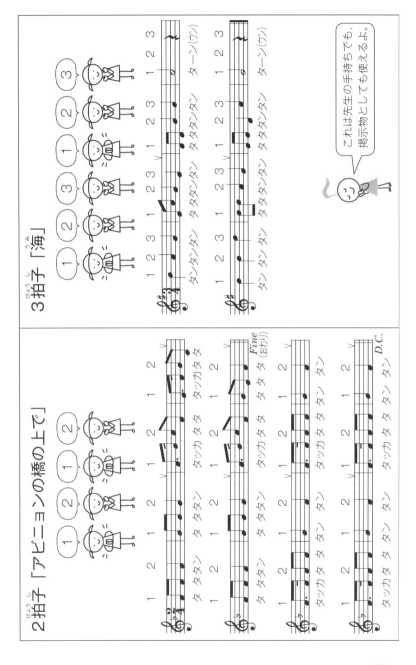

25 4拍子の指揮をしよう

「ふじ山」を教材として拍の流れにのって,音高を意識して歌います。そして,音高と歌詞の内容を踏まえて強く歌いたいところを見付けます。強く歌いたいところを大きく振る4拍子の指揮を体験します。

要素 リズム,強弱　活動 指揮,歌唱

活動の流れ

準備　「ふじ山」の歌詞唱ができるようにしておく。

教師　それでは,「ふじ山」を階名で歌えるようにしましょう。(と言って,次ページを拡大して掲示する)3段目は音が順番に並んでいるのでドレミを入れていません。では,歌ってみましょう。

活動　ゆっくり階名唱で「ふじ山」を歌う。何度か歌う中で,2段目や4段目の後半は音が順番に並んでいるため,階名を隠して歌うなどするとよい。

教師　よくできました。次はドレミ体操をしながら,階名唱しましょう。

活動　ゆっくりと階名唱で歌いながら,ドレミ体操をする。4段目のはじめの高いドをのびのび大きく歌うと心地よいことに気付かせる。

教師　今日は4拍子の指揮の仕方を覚えましょう。まず,ボールが弾むように,1,2,3,4を言いながら,上下に手を動かしましょう。

活動　ボールが弾むことをイメージして手を上下に動かす。拍の速さは変えずに大きく動かしたり小さく動かしたり指示する。

教師　上手にできました。いよいよ4拍子の図形で指揮をします。1,2,3,4の1が1番強く弾みます。2,3,4も弾む感じで指揮しましょう。

活動　指揮ができるようになったら,指揮をしながら歌うことを楽しむ。4段目は音が高く「ふじは」という大切な言葉なので,大きく振る。

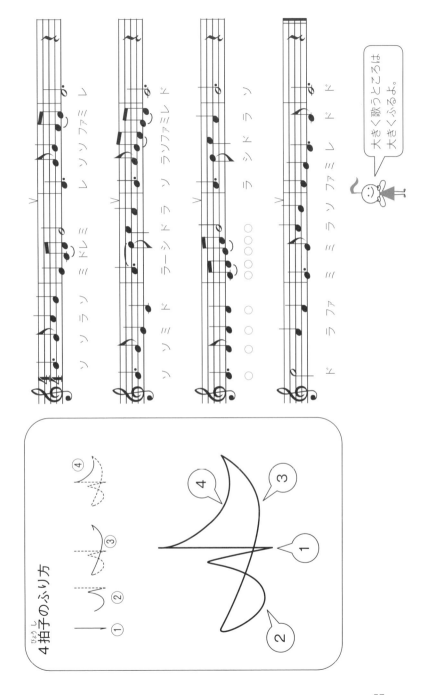

26 指揮で強弱をあらわそう

4分音符を叩くだけ。でも，拍子を感じ，強弱を変化させると，クラスが一体となった素敵な音楽があらわれます。指揮を交替しながら，クラスで手拍子の音楽を楽しみましょう。

要素 リズム，強弱　活動 指揮

活動の流れ

教師：今日は指揮で強弱をあらわしてみましょう。今から2種類の4拍子の指揮をするので，どちらが強い音を出したくなるか考えてください。

活動：教師が大きな図形と小さな図形でそれぞれ4回ずつ4拍子を振る。

児童A：大きい方が強く出したくなりました。

教師：そうですね。大きく振る方が強く，小さく振る方が弱く出したくなりますね。では，4拍子で4分音符を繰り返し叩きながら，強弱の変化をさせてみましょう。（と言って，次ページを拡大して貼る）pはピアノと読み弱く，fはフォルテと読み強く，＜はクレシェンドと読みだんだん強く，＞はデクレシェンドと読みだんだん弱くという意味です。まずは，❸の楽譜通りに強弱をつけて叩いてみましょう。

活動：掲示物の❸の通りに強弱をつけて4分音符を叩く。

教師：今度は，このようにみんなが叩きたくなるように，図形の大きさを変えて指揮をしてみましょう。クラスを2つに分けて指揮のグループと手拍子のグループでやってみましょう。

活動：指揮と手拍子を交替しながら楽しむ。＜は速く，＞は遅くなりやすいので教師が拍を刻んで速度をキープするとよい。

発展：自信をもって指揮できるようになったら，1人でチャレンジする。

教師：今度は1人で前に出てきて指揮をしてみましょう。

❶ たたきましょう

はやくなったりおそくなったりしないように気をつけてね。

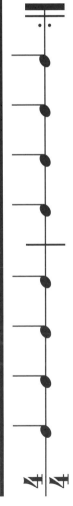

❷ おぼえましょう

記号	名前	意味
p	ピアノ	弱く
f	フォルテ	強く
<	クレシェンド	だんだん強く
>	デクレシェンド	だんだん弱く

❸ 強弱をつけて指揮をしましょう

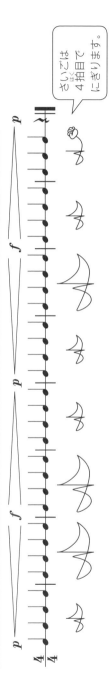

さいごは4拍目でにぎります。

27 線を囲む音符を書いて楽器で吹こう

自分で書いた音符を楽器で演奏することで、読譜力はとても高まります。ここでは、線を囲むように書く音を取り上げて、順番に演奏したり、いっぺんに演奏して和音を味わったり、「かっこう」を完成させて吹いたりします。

要素 音高　活動 記譜、器楽

活動の流れ

準備	ドイツ民謡「かっこう」を階名唱で歌ったり、鍵盤ハーモニカで吹いたりする経験をしておく。
教師	今日は、音符を書いて、それを見ながら吹く勉強をします。(と言って、次ページをプリントとして配布する) ❶を書いてみましょう。点線をなぞったら、右側に同じように4個、書きましょう。
活動	プリントの❶に取り組む。教師は机間指導により個別に助言する。
教師	上手に書けました。❷を書きましょう。上に書いてある音符と同じ音符で書きましょう。
活動	プリントの❷に取り組む。教師は机間指導により個別に助言する。
教師	鍵盤ハーモニカで、❷の音を吹いてみましょう。
活動	教師が鍵盤ハーモニカで「ドーミーソー●」→児童が鍵盤ハーモニカで「ドーミーソー●」(何度か繰り返す)
教師	上手にできました。今度はドミソのどれか好きな音を1つ選んで、みんなで一緒に吹いてみましょう。
活動	教師「どうぞ!」→児童が好きな音を吹いて、和音を楽しむ。
教師	では、「かっこう」をドレミ体操しながらみんなで階名で歌ってから、❸をします。
活動	ドレミ体操で階名の復習をしてから、覚えている階名を楽譜にしていく。完成したら、自分の書いた楽譜を見て、演奏する。

線をかこむ音符を書いてけんばんハーモニカでふきましょう

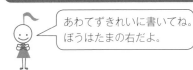

年　組　名前

❶ 線をかこむ音符を書くれんしゅうをしましょう。

❷ ドミソを書くれんしゅうをしましょう。

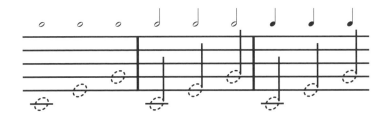

❸ 「かっこう」のドミソを書いてけんばんハーモニカでふきましょう。
（なぞる音符は3個，書く音符は14個！）

28 間に音符を書いて楽器で吹こう

線を囲む音符に続いて,線と線の間にはみ出ないように音符を書いて,レファラを順番に演奏したり,いっぺんに吹いて和音を楽しんだり,「きらきらぼし」を完成させて鍵盤ハーモニカで吹いたりします。読譜力が向上します。

要素 音高　活動 記譜,器楽

活動の流れ

準備		フランス民謡の「きらきらぼし」を階名唱で歌ったり,鍵盤ハーモニカで吹く体験をしておく。
教師		今日は,音符を書いて,それを見ながら吹く勉強をします。(と言って,次ページをプリントとして配布する)❶を書いてみましょう。点線をなぞったら,右側に同じように4個,書きましょう。
活動		プリントの❶に取り組む。教師は机間指導により個別に助言する。
教師		上手に書けました。❷を書きましょう。上に書いてある音符と同じ音符で書きましょう。
活動		プリントの❷に取り組む。教師は机間指導により個別に助言する。
教師		鍵盤ハーモニカで,❷の音を吹いてみましょう。
活動		教師が鍵盤ハーモニカで「レーファーラー●」→児童が鍵盤ハーモニカで「レーファーラー●」(何度か繰り返す)
教師		上手にできました。今度はレファラのどれか好きな音を選んで,みんなで一緒に吹いてみましょう。
活動		教師「どうぞ!」→児童が好きな音を吹いて,和音を楽しむ。
教師		では,「きらきらぼし」をドレミ体操しながらみんなで階名で歌ってから,❸をします。
活動		ドレミ体操で階名の復習をしてから,覚えている階名を楽譜にしていく。完成したら,自分の書いた楽譜を見て,演奏する。

間に音符を書いてけんばんハーモニカでふきましょう

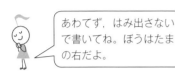

年　　組　　名前

❶ 間に音符を書くれんしゅうをしましょう。

❷ レファラを書くれんしゅうをしましょう。

❸ 「きらきらぼし」のレファラを書いてけんばんハーモニカでふきましょう。
　（なぞる音符は3個，書く音符は15個！　全部ぬりつぶす4分音符！）

29 楽譜を書いて楽器で吹こう

線を囲む音符と間に書く音符のどちらも体験した後は，その技能を生かして，どちらも含まれた音符を書いて鍵盤ハーモニカで吹きます。曲はドイツ民謡の「小ぎつね」で例示しました。

要素 音高 活動 記譜，器楽

活動の流れ

準備　「小ぎつね」を階名唱したり，鍵盤ハーモニカで吹いたりする経験をしておく。

教師　今日は「小ぎつね」の楽譜を仕上げて鍵盤ハーモニカで吹く勉強をします。まず，ドレミ体操をしながら，階名唱で歌ってみましょう。

活動　「小ぎつね」をドレミ体操しながらゆっくり階名唱する。

教師　上手にできました。それでは，楽譜を配ります。（と言って，次のページをプリントにして配布する）指で音符のたまを触りながら階名唱をしてみましょう。3段目はこれからみんなが音符のたまを書くところなので，たまがないところは，棒を触りながら歌います。

活動　音符のたまや棒をなぞりながら階名唱をする。

教師　2段目と3段目のこれからたまを書くところについて何か気付きましたか？　はい，Aさん。

児童A　はい，2段目とこれから書くところが同じだと気付きました。

教師　そうですね。2段目と同じメロディーなので，2段目を見ながら書くときれいに正しく書けます。では，音符を書きましょう。

活動　3段目の音符を書いて「小ぎつね」を完成させ，自分の書いた楽譜を見ながら，みんなで鍵盤ハーモニカで演奏する。

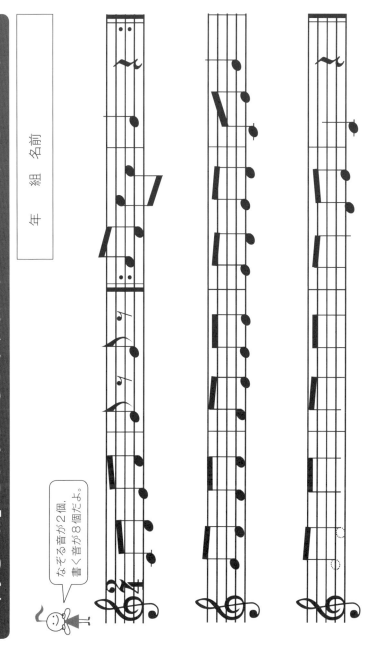

30 ドレミファソラで音楽をつくってみんなで吹こう

> リズムや音高を定着する活動と読譜や記譜の経験を積み重ねてきたので，ここではいよいよまとまりのあるメロディーをつくります。使う音とリズム，開始音及び終止音をルールとして示すことでつくりやすくなります。

要素 音高　活動 記譜，音楽づくり，器楽，まねっこ

活動の流れ

教師：今日はグループでメロディーをつくって，発表します。（と言って次ページをプリントにして配布する）使う音を吹きましょう。鍵盤ハーモニカで指くぐりに気をつけて「ドレミファソ」を，指またぎに気をつけて「ラソファミレド」を吹いてみましょう。

活動：児童は「ドレミファソ」「ラソファミレド」を吹く。

教師：上手にできました。それでは，音楽をつくるきまりを読みましょう。（と言ってプリントの❶の「きまり」を確認する）

教師：それでは，先生がつくってきた曲を披露します。始まりはドです。短い曲なので，みんなまねっこしてください。

活動：教師が演奏し同じメロディーを階名唱し，児童が鍵盤ハーモニカでまねっこする。（演奏例：ド開始「ドレミファ｜ソミド●」，ミ開始「ミファソラ｜ソソド●」，ソ開始「ソラソファ｜ミレド●」など）

教師：では，グループで相談しながら何度も吹いて，素敵なメロディーをつくってみましょう。

活動：各自がいろいろ試しながら，音楽をつくる。教師は机間指導をして，ピカイチを清書できるよう助言する。

教師：みんな上手につくることができたので，発表しましょう。

活動：順番にピカイチを OHC などで映し出し，階名唱と鍵盤ハーモニカで楽しむ。

ドレミファソラで音楽をつくってみんなでふきましょう

年　　組　名前

つくったメロディーをみんなで
ふいて楽しもう。

❶ つくる前に…。

つかう音

きまり　　①ドミソのどれかではじめる。
　　　　　②ドでおわる。
　　　　　③リズムは ♩♩♩♩｜♩♩♩♩♩ にする。

❷ つくってみましょう。

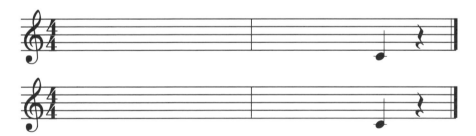

❸ ピカイチをせい書しましょう。

31 「ターンタ ♩. ♪」のリズムを楽しもう

中学年からは，教科書に♩. ♪のリズムが増えてきます。♩. ♪のリズムを含めたリズムリレーや，既習曲の「ふじ山」をきっかけに，初めて学ぶ曲のリズム唱をするなど，さまざまな活動を通して♩. ♪に親しみます。

[要素] リズム　[活動] リズムリレー，読譜，リズム唱

活動の流れ

教師：今日は「ターンタ」のリズムを勉強しましょう。(♩. ♪を板書する) では，この♩. ♪を入れた8拍のリズムを先生が手で叩くのでまねっこしましょう。

活動：教師の「♩. ♪♩♩|♩♩♩𝄽」，「♩♩♩ ♩. ♪♩♩𝄽」，「♩♩♩♩♩. ♪♩𝄽」をまねっこしてやりとりする。その際，タンウンも言うとよい。

教師：今度はみんながつくってリズムリレーをしましょう。♩. ♪のリズムは1回入れて，他は4分音符中心がやりやすいと思います。

活動：Aさん→みんな→Bさん→みんな→Cさん→みんな→Dさん…のように，リズムリレーをする。

教師：上手にできました。今度は4種類の音符が出てくるリズムを叩きましょう。(と言って次ページの拡大版を掲示する) ❶のリズムを練習してみてください。わかりましたか？ 実は「あーたまをくーもーの」のリズムでした。タンウンで言ってみましょう。

活動：❶を見ながら，「ターンタタンタン｜タンタタターン」と言う。

教師：上手にできました。それでは，「まきばの朝」を今日から始めるので，教科書を開けて，リズム唱をしてみましょう。

活動：「まきばの朝」の楽譜を見ながらリズム唱をする。その際，CDに合わせてもよいが，この活動には速いので，教師がピアノなどを弾いたり，拍を叩いたりなどしてゆっくり行うとよい。

ターンタのリズムを楽しみましょう

❶ リズム唱をしてみましょう。

$\frac{4}{4}$

音符の長さの箱が横に4つあります。4つのはずが♩は全部音符じゃなくて全音符だよ。

❷ 音符の名前と長さをおぼえましょう。

音符	名前	長さ			
♩	2分音符				
♩.	付点4分音符				
♩	4分音符				
♪	8分音符				

32 リズムの間違い探しとしりとりをしよう

1年生の活動で、○（タン）と●（ウン）の定着を図るために、間違い探しと発展的な活動として間違いしりとりを紹介しました。ここでは、リズムカードを用いて間違い探しとしりとりをし、リズムの理解を深めます。

要素 リズム　活動 リズム模倣，読譜

活動の流れ

教師：今日は、リズムカードを使って、間違い探しをします。（と言って、次ページの拡大掲示物を貼る。3枚切り取って貼るとよい）まず、タンとウンを言いながら❶から叩いてみましょう。2回ずつ繰り返します。

活動：掲示物を見ながら児童がそれぞれ2回ずつ繰り返す。

教師：それでは、今から先生が❶を叩きます。間違って叩くかもしれないから、どこが違っていたか後で発表してください。

活動：教師が❶のどこか1つ（❶「♩♫♩♩」など）間違えて叩く。当てられた児童「はい、4拍めがお休みなのに、叩いていて間違っていました。」教師「よくできました。」（つづいて❷「♫♩♫♪」、❸「♩♪♪♫」のように1つ間違えて、それを当てることを何度も楽しむ）

発展（リズム模倣）
教師：❶と❷を続けて先生が叩きます。どこか1つ間違えるから、気をつけてまねしてください。（1つ間違えたリズム模倣を教師と児童で楽しむ）

発展（しりとり）
教師：❷と❸で先生としりとりをします。（教師❷→❸、児童❸→❷を繰り返す）「今度は❸を1つ間違えます。それをまねするしりとりをしましょう。（例：教師「♫♪♪」「♩♪♫」児童「♩♪♫」「♫♩♪」教師「♫♪♫」「♩♪♫」児童「♩♪♫」「♫♩♪」…）

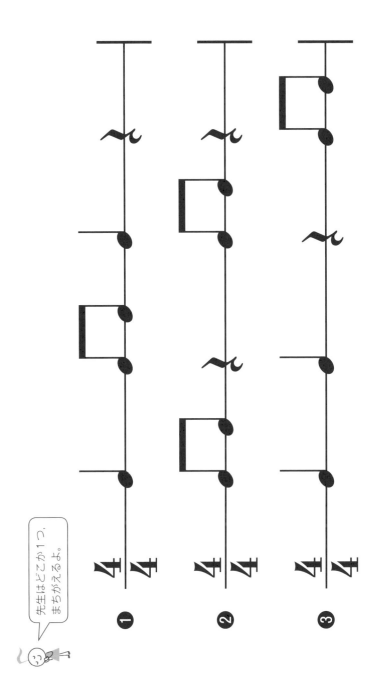

33 2拍子の指揮をしよう

 既習曲の「虫のこえ」の歌詞を手掛かりに,強弱を考えて2拍子の指揮を体験します。小さな虫の声を表現する時の図形は小さく,のびのびと「ああ面白い,虫の声」を表現する時は大きく。夏休み明けにいかがでしょう?

要素 リズム,強弱　活動 指揮

活動の流れ

教師：夏休みも終わり,虫の声が聴こえてくるようになりました。今日は季節にぴったりの「虫のこえ」を歌って指揮もしましょう。(と言って,次ページを拡大して掲示する。指揮の図形はまだ見せない) まず,指先で机をトントンと拍を叩きながら歌います。

活動：拍を指先で叩きながら「虫のこえ」を歌う。

教師：上手に歌と机トントンができました。実は,机をトントンする動きは2拍子の指揮を上手に振ることにつながります。(と言って掲示物の指揮の図形を見せる) 指先で机をトントンしながら,この図形で振ってみましょう。

活動：教師の歌やピアノまたはCDの「虫のこえ」に合わせて机をトントンしながら2拍子の図形を描く。

教師：上手に2拍子の指揮ができました。机があるつもりで今度は空中でやってみます。

活動：教師の歌やピアノまたはCDの「虫のこえ」に合わせて,打点を意識した2拍子を振る。

教師：上手に2拍子を振ることができました。今度は,小さく歌う時の指揮をしましょう。図形を小さく振ります。

活動：強弱それぞれを振る体験をした後,「松虫」「鈴虫」「クツワムシ」「うまおい」などの鳴き声の強さを決め,みんなで振り分けて楽しむ。

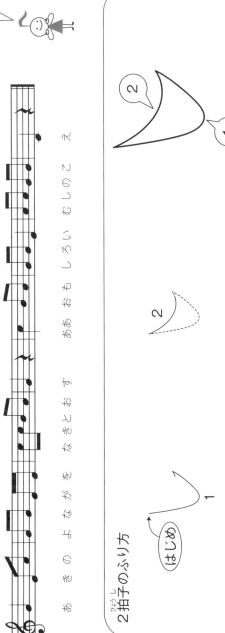

34 3拍子の指揮をしながら音楽を楽しもう

音楽にあわせて身体を動かすと，曲の特徴をよくつかむことができます。ここでは，「メヌエット」という「1拍目がはっきりした3拍子」「ABAの3部形式で途中の変化がとらえやすい」という特徴のある曲を教材とします。

要素 リズム，強弱　活動 指揮，鑑賞

活動の流れ

準備　3曲のメヌエットのCDを用意しておく。

教師　音楽を聴くときに身体を動かすと，曲の特徴がよく分かりますので，今日は指揮をしながら聴いてみましょう。(と言って次ページをプリントにして配布する。曲の説明文は授業の進め方によりカットしてプリントし，聴く直前に教師から説明してもよい)

教師　今日は3拍子の指揮をしますので，振ってみましょう。

活動　プリントを見ながら，教師の「1, 2, 3, 1, 2, 3」の声に合わせて3拍子を振る。

教師　上手に指揮ができました。次に「海」を歌いながら指揮をしてみましょう。

活動　「海」を歌いながら，3拍子の指揮をする。

教師　歌いながら上手に指揮ができました。今度は，「メヌエット」という3拍子で途中音楽の感じが変わるという曲を聴いてみましょう。同じ「メヌエット」という曲名ですが，作曲者はみんな違います。指揮をしながら聴き，聴き終わったら，気付いたことや感じたことをメモしましょう。

活動　1のモーツァルト「メヌエット」K.2を聴く。気付いたことや感じたことをメモする。教師は机間指導し，よい記述を他の児童に伝える。2と3の曲も同じように進める。

指揮をしながら音楽を楽しみましょう

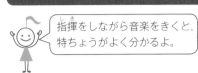

年　　組　名前

❶ 「海」を歌いながら3拍子を指揮してみましょう。

❷ 3拍子を指揮しながら音楽をきいて、気付いたことやすてきだと思ったことを書きましょう。

1　モーツァルト作曲「メヌエット」K.2
天才モーツァルトが6才の時につくった曲です。ピアノのえんそうです。かわいらしいメロディをくり返し、とちゅうで曲の感じが変化してまたもどります。

2　ベートーヴェン作曲「6つのメヌエット」より第2番
　ヴァイオリンとピアノのための曲です。スキップリズムが特ちょう的です。とちゅうの変化はモーツァルトのメヌエットより大きな変化です。

3　ビゼー作曲　「アルルの女」第2組曲より「メヌエット」
　はじまりはフルートとハープです。とちゅうから管楽器や弦楽器が入り曲の感じが大きく変わります。はじめの感じにもどった時に、フルートとハープの他にも楽器が入ります。

35 3拍子を指揮して強弱を表現しよう

 3拍子の指揮を生かして,クラスみんなで拍の流れや強弱の変化を楽しみます。1拍目にアクセントをつけて手拍子をすることで,記号の知識も増やしましょう。

要素 リズム　活動 指揮

活動の流れ

😊 **教師**　今日は3拍子を手拍子で楽しみましょう。(と言って次のページを拡大して貼る) 1拍目が強い特徴がありますね。まず(1)のリズムを「1,2,3…」と言いながら叩いてみましょう。

活動　1拍目を強めに手拍子を繰り返す。

😊 **教師**　上手にできました。それでは,(2)を手拍子で叩きましょう。(1)と同じように1拍目を強く,3拍子の感じで叩きましょう。

活動　3拍子を感じて(2)を手拍子で繰り返す。

😊 **教師**　上手にできました。それでは,(1)のグループと(2)のグループに分けて叩きます。

活動　2グループに分かれてアンサンブルを楽しむ。(1)と(2)の役割を変えて何度も楽しむ。

😊 **教師**　上手にできました。今度は先生が指揮をします。小さく振ると音は小さく,大きく振ると音は大きくします。(1)のグループも(2)のグループも合図をよく見て大きさを変えましょう。

活動　教師の指揮で強弱をつけながらアンサンブルする。

😊 **教師**　上手にできました。今度は指揮者役を順番にやってみましょう。

活動　児童A(児童たちの前に立つ)強弱の変化をつけながら3拍子を指揮し,強弱の変化をアンサンブルで楽しむ。交代で指揮をしたり,グループ別になってその中で指揮者役を決めたりして楽しむ。

3拍子の指揮で強弱をあらわしましょう

❶ 1拍目を強くたたきましょう。

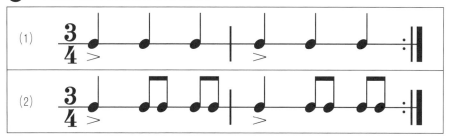

❷ 覚えましょう。

記号	名前	意味
>	アクセント	その音を目立たせてえんそうする。

❸ 覚えましょう。

<	クレシェンド	だんだん強く
>	デクレシェンド	だんだん弱く

気持ちをあわせて3拍子にのろう。

36 フラッシュカードで楽譜を読もう

どの学年でもOKです。短い時間でパッと見せて「ド！」「高いレ！」などとゲームのようにやり取りすると読譜力が高まります。A3以上のサイズに拡大し実線で切り点線で折って、大きな音符を児童に見せて、小さな音符と階名は教師側にしましょう。

要素　音高　活動　読譜

(音符)	(音符) ド
(音符)	(音符) レ
(音符)	(音符) ミ
(音符)	(音符) ファ

1年　2年　3年　4年　5年　6年

78

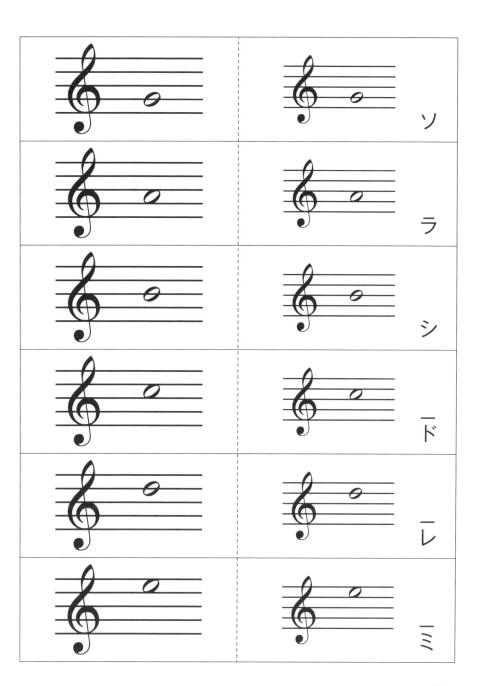

37 いろいろなリズムでソラシドレを吹こう

リコーダーを使ってソラシドレをいろいろなリズムでいったりきたりします。何度も繰り返して，リズム読みと運指，タンギングがよくできるようになる一石三鳥？の活動です。

|要素| リズム，音高　|活動| 器楽，読譜

活動の流れ

教師　今日はリコーダーで「ソラシドレ」をいろいろなリズムで吹いてみましょう。（と言って次ページの❶と❷を拡大して貼る。❹を書かせたい場合はすべてプリントして配布する）まず，❶のリズムをリズム唱しましょう。

活動　児童「タンタンタンタン｜タンタンタンタン｜タ————ン（ウン）」とリズム唱する。

教師　よくできました。次にトゥートゥーとタンギングでリズム唱しましょう。

活動　リコーダーを持たずにタンギングだけで行う。

教師　よくできました。次は，リコーダーを吹かずに指だけ動かし，タンギングのリズム唱をしましょう。

活動　リコーダーを持って歌口をくわえずに，タンギングのリズム唱をしながら指を動かす。これを①〜⑥で行う。

教師　上手になったので，●時●分まで，個人練習をしましょう（と時間を板書する）

活動　各自練習する。教師は机間指導により，苦手意識のある児童を支援する。その後，全員で順番に吹いてリズムの変化を楽しむ。

発展　音楽づくりへ発展させる場合は，「ソラシドレを行って返ってくること」「②のように同じ音を繰り返してもよいこと」「①〜⑥のリズムを参考にしてよいこと」をルールとするとよい。

いろいろなリズムでソラシドレをふきましょう

❶ 指使いをたしかめましょう。　　年　組　名前

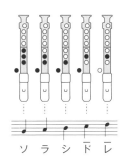

ソラシドレを楽しくふくよ。

❷ いろいろなリズムでふきましょう。

①4分音符　　②8分音符　　③ロケットリズム　　タイは音をつなげる記号だよ。　　④スキップリズム　　⑤ターンタリズム　　⑥ **チャレンジ！** いろいろリズム

❸ 棒のむきのルールを見付けましょう。

❹ **チャレンジ！** つくってみましょう。

38 「オーラリー」の楽譜を完成させて吹こう

広く親しまれている「オーラリー」をリズム打ち，リズム唱，階名唱，リコーダー演奏などの様々な活動をして，無理なく記譜ができるようにします。美しい旋律は学習意欲を高めます。

要素 音高，リズム　　活動 器楽，記譜

活動の流れ

教師 今日から「オーラリー」という美しい曲をリコーダーで吹けるように取り組みましょう。（と言って次ページをプリントにして配布する）

教師 まず楽譜を見て，タンウンを言いながら，リズム打ちをしましょう。ターンタのリズムもありますね。また，途中に抜けているところがありますが，これは1，2，3小節と全く同じです。

活動 プリントのオーラリーをリズム打ちをする。

教師 上手にできました。今度は，トゥートゥーとタンギングでリズム唱をしましょう。

活動 リコーダーは吹かず，タンギングでリズム唱をする。

教師 上手にできました。次は階名唱をしましょう。上の運指表もヒントになりますね。では，やってみましょう。

活動 階名唱をする。高いファなどは出しにくいので，音程が乱れても気にせず拍の流れにのって歌うようにする。

教師 いよいよリコーダーで吹きます。5，6，7小節に音符を書いた人から練習を始めましょう。

活動 児童は1，2，3小節を見ながら5，6，7小節を記譜し，書いたらリコーダーを準備して，自分で譜読みをする。その後みんなで楽しむ。

「オーラリー」の楽譜を完成させてふきましょう

年　組　名前

❶ 使う音の指使いをかくにんしましょう。

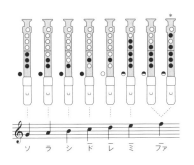

ファはジャーマン式とバロック式で指使いがちがうから気をつけてね。

ミとファはサムホールをほんの少しだけ開けて，するどい息を入れてね。

5，6，7小節は1，2，3小節と同じだよ。

❷ 5，6，7小節を完成させてふきましょう。

棒とたまの位置に気をつけてね。
♩棒が上の時はたまの右　♩棒が下の時はたまの左

39 ト音記号と音符をきれいに書こう

 ト音記号と音符を少しサイズの小さい五線紙に書けるようにします。旋律を書き留めておく力は音楽づくりを行いやすくしますし、書けることは読めることに直結しますので、読譜力は大きく高まります。

（要素）音高　（活動）記譜，器楽

活動の流れ

教師：今日はト音記号と音符をきれいに書きましょう。初級編，中級編，上級編がありますよ。（と言って，次ページをA4かB4サイズに拡大し，プリントにして配布する）

教師：このきれいな記号をト音記号といいます。（と言って，ト音記号を板書する）ドレミファソラシドを日本の音の名前でいうとハニホヘトイロハです。ハニホヘト（と指を折って5つ数える），ドレミファソ（もう一度指を折る），つまりトの音はソのことで，記号の書き始めはソのところです。では，初級からなぞって，そのあと自分で2つ書きましょう。できたら，中級，上級を書きましょう。

活動：プリントの❶に取り組む。教師は机間指導により個別に支援する。

教師：ト音記号が上手に書けるようになったので，上級編のサイズで4分音符も書きましょう。

活動：プリントの❷に取り組み，なぞったり書いたりする。

教師：上手に書けました。それでは，「海」を覚えていますか？（出だしを歌う）この曲を完成させてリコーダーで吹きましょう。ト音記号を2つ書いて，シの音は5つ書きます。ヒントも書いてあるから頑張ってくださいね。

活動：「海」を完成させて，リコーダーで各自練習する。その後みんなで吹いて楽しむ。

ト音記号と音符を書いてリコーダーでふきましょう

年　組　名前

❶ 使う音の指使いをかくにんしましょう。

初級 ✿　　　中級 ✿✿　　　上級 ✿✿✿

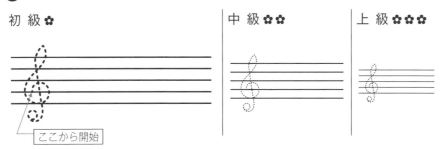

ここから開始

❷ "上級✿✿✿"のサイズで音符も書きましょう。

❸ 「海」を完成させてリコーダーでふきましょう。

♩を5つ書きます。（♩が3つ，♫で2つ）
𝄞を2つ書きます。（1つはなぞって，もう1つは書きます）

40 すてきなメロディーをつくってリコーダーで吹こう

ここでは，リコーダーで音の動きを確かめながら，すてきなメロディーを楽譜に書き留めます。既習曲の「オーラリー」の一部を用いることで，取り組みやすくします。

要素 音高　活動 記譜，音楽づくり，器楽

活動の流れ

準備	「オーラリー」をリコーダーで吹けるようにしておく。
教師	今日は「オーラリー」の最初のメロディーを生かして，続きをつくってみんなで楽しみましょう。素敵なメロディーをつくりましょう。（と言って，次ページをプリントにして配布する）
教師	使う音はリコーダーの出る音であればなんでもよいのですが，あまり音が飛ぶとまとまりのあるメロディーではなくなるので，枠で囲った音がおすすめです。
教師	復習として，「オーラリー」をリコーダーで吹きましょう。
活動	リコーダーで既習曲「オーラリー」を吹く。
教師	上手に吹けました。それでは，早速メロディーづくりをします。まず，各自がいろいろ試して，候補を1つか2つつくります。次にグループの中で紹介しあって，その中から選んでもよいし，グループで新たにつくってもよいです。発表する曲を決めて書きます。リコーダーで吹けるよう練習もしましょう。
活動	各自で1〜2作品つくり，次にグループで1つ決定する。
教師	それでは，発表してみましょう。全員で2小節目まで吹いて，次にグループでつくった続きを演奏します。
活動	全員→Aグループ発表→全員→Bグループ発表→Cグループ発表のようにつなげて楽しむ。活動後教師は各グループのよさをほめる。

すてきなメロディーをつくってリコーダーでふきましょう

年　組　名前

❶ 使う音を確認しましょう。どの音をつかってもよいですが、あまり飛ばない方がきれいなので、☐で囲った音がおすすめです。

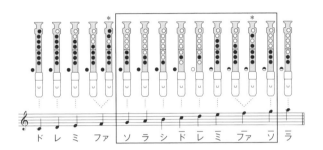

❷ 「オーラリー」の最初の２小節の続きをグループでつくって発表しましょう。

41 リズムアンサンブルを工夫しよう①

一見簡単に見えるリズムパターンでも，叩くところを変えたり，問いと答えのようにしたり，重ねてみたり，などにより魅力が増していきます。ここでは，なじんだリズムを使ってグループでアンサンブルを工夫します。

要素　リズム，強弱　　活動　読譜，身体を楽器にした器楽，音楽づくり

活動の流れ

教師：今日は叩いてつくってリズムアンサンブルをしましょう。（と言って次ページをプリントにして配布する）

教師：Aとこれからグループでつくる B を組み合わせて，グループで面白い音楽をつくってください。まず A で例をやってみましょう。

活動：例の1〜3を A で試す。その際， A は繰り返すとよい。

教師：それでは，B をグループでつくって，楽譜にしてから，工夫をしましょう。今まで体験したいろいろなリズムを使うとよいと思います。（と板書し，みんなで叩く）

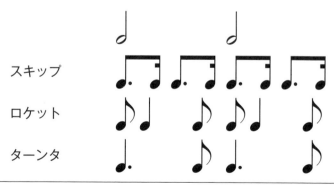

板書例

活動：例を参考に，グループで8拍のリズムをつくった後，練習をして発表する。

たたいてつくってリズムアンサンブルをしましょう

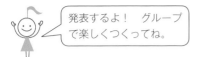

年　　組　名前

❶　基本のリズムをたたいたりつくったりましょう。

❷　工夫してグループで楽しみましょう。

例1　リズムを足と手に分けてたたく。

例2　1拍ずつ分担して強弱をつける。

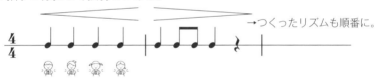

例3　2拍あとからおいかける。

例4　A―B―A のようにつなげて，それぞれ工夫する。

❸　裏面も使ってどんどんアイディアをメモして，グループでやってみましょう！

42 8分の6拍子に親しもう

ここでは，8分の6拍子に親しみます。「1小節に8分音符が6個入る拍子」と覚えるだけでなく，「1 2 3」「4 5 6」と3拍子が2つつながったような魅力を体験しましょう。

要素 リズム　活動 読譜，鑑賞

活動の流れ

😊 教師：さて，今まで4分の4拍子になじんできましたが，これは何分の何拍子でしょうか？（と言って，板書する）

〈板書〉

♪♪♪♪♪♪を示して，連桁を音符2つずつで4分の3拍子，3つずつで8分の6拍子を説明してもよい。

活動：児童は「123456」を手がかりに考え，8分の6拍子と答える。

😊 教師：そうですね。これは，8分音符を1拍とする6拍子の8分の6拍子です。今日は8分の6拍子に親しみましょう。（と言って，次ページをプリントにして配布する）では，「123456」と1と4を強く言いながら❶のリズムを叩きましょう。

活動：❶の①〜④を叩いたりリズム唱したりする。教師が手本を示してリズム模倣をしてもよい。

😊 教師：上手にできました。今度は応用問題です。❷のリズムをグループで叩いてみてください。

活動：グループ練習をする。できるようになったら，みんなで叩く。

発展：上手ですね。それでは，これから❸をします。音楽を聴きながら，

😊 教師：ら，音符を指でたどりましょう。

活動：モーツァルトのピアノ曲に合わせて6拍子を楽しみ，本時を振り返って8分の6拍子の感想を書く。

8分の6拍子に親しみましょう

私には8分の6拍子は波にゆられている感じがするよ。みなさんは？

年　組　名前

❶　①～④をたたいたりリズム唱したりしましょう。

① 6/8 タ タ タ タ タ タ｜タ タ タ タ タ タ‖

② 6/8 タン　タ タン　タ｜タン　タ タン　タ‖

③ 6/8 タン　タカタン　タカ｜タン　タカタン　タカ‖

④ 6/8 タ カ タ タ カ タ｜タ カ タ タ カ タ‖

❷　次のリズムは②～④のリズムを組み合わせています。グループでたたいたりリズム唱したりしましょう。

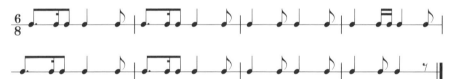

❸　チャレンジ！　モーツァルト作曲「ピアノ・ソナタ第11番」第１楽章のはじめを聴きながら、❷のリズムを指でたどりましょう。

〈振り返り〉8分の6拍子はどのような感じがしましたか？

43 強弱に気をつけて「こいのぼり」の指揮をしよう

グループで「こいのぼり」の強弱を考えて指揮をする活動です。「高く泳ぐや」のところは、きっと多くの児童が大きな声でのびのび歌いたいと思うことでしょう。他もいろいろな意見が出そうです。思いを指揮で表します。

要素 音高, リズム   活動 指揮, 歌唱

活動の流れ

準備　①強弱記号をマグネット用紙などに書いたり印刷したりして、貼れるようにしておく。②「こいのぼり」の歌詞唱をしておく。

教師　今日は前回歌った「こいのぼり」にいろいろ強弱をつけて指揮をして、それに合わせて他のお友達が歌って楽しみましょう。（と言って、次ページをメモ用に1枚配り、拡大して貼る）まず4拍子の指揮をしながら歌ってみましょう。

活動　4拍子の指揮をしながら「こいのぼり」の歌詞唱をする。

教師　上手です。今日は、歌詞や音の高さなどを手掛かりに、どのように強弱をつけたら聴いている人にこの歌のよさが伝わるかを考えましょう。使う強弱記号は *mp*, *mf*, *f*, ＜, ＞ です。試しに、指揮をしながら1番を全部メゾ・ピアノで歌ってみましょう。

活動　小さ目な4拍子の図形を描きながら1番をやや弱く歌う。

教師　なんだか遠くの方のこいのぼりを見ている気持ちになりました。さあ、グループで考えましょう。1段ごとに *mp*, *mf*, *f* を考えましょう。そのあと、＜ ＞ を入れましょう。

活動　グループで強弱を話し合う。その後、グループごとになぜその段にその強弱記号をつけたかを説明し、マグネット用紙の記号を貼る。その強弱記号を生かして、グループ全員が指揮をし、他の児童は強弱と指揮を意識して歌う活動を繰り返す。

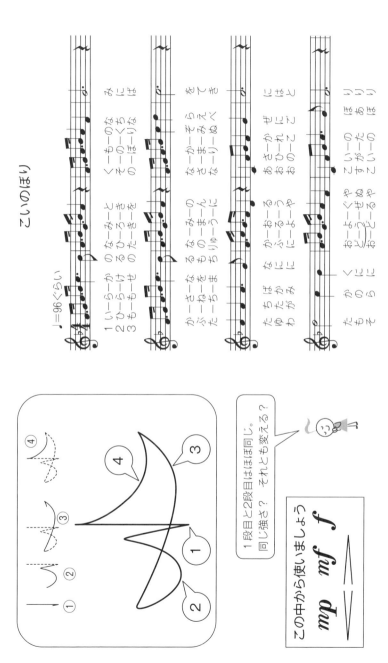

44 拍子の流れにのって いろいろな指揮をしよう

今まで体験してきた4分の2拍子，3拍子，4拍子を振り分け，それを見ている他の児童は拍子の変化を手拍子で表します。手拍子回しにすると難しい活動ですが，ゲームのように楽しめます。

要素 リズム　活動 指揮，手拍子

活動の流れ

準備　手拍子回しの経験をしておく。4分の2拍子，3拍子，4拍子の指揮の図形が分かり，振ることができるようにしておく。

教師　今日は，指揮をして，それを見ているお友達は手拍子をします。途中で2拍子，3拍子，4拍子の指揮を自由に変化させていきますので，よく見ていないと1拍目を強く叩けません。早速先生の指揮を見て，手拍子をしてください。どの拍子でも，1拍目を強く叩きます。（次ページを拡大して必要に応じて貼る）

活動　教師の指揮を見て，何拍子か判断し，1拍目を強く叩く。教師は1拍目をまっすぐおろして，打点を明確にするよう心掛ける。

活動　次に，指揮者役を交代して，みんなで楽しむ。

発展　手拍子回しをして，指揮による拍子の変化を見ながら，1拍目の児童が強く叩く。この場合は，あまり速くしないで，丁寧に活動させるとよい。

拍子を変化させて指揮を楽しみましょう

1拍目をしっかりはずもう。

❶ ふる時の図形

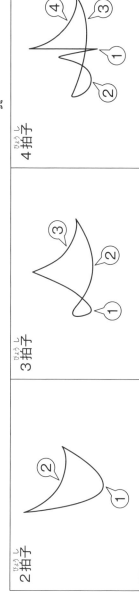

2拍子

3拍子

4拍子

見るときは逆 そのため、指揮者はよく拍の流れを伝えましょう。

❶

㊺ リズムクイズ①

音を聴いて楽譜に記す活動をします。自分で音の長さと音符を判断して書くことは，読譜力の大きな向上につながります。まずは，「どちらがあっているかな？」から始めましょう。

要素 リズム　活動 記譜

活動の流れ

- 教師: 今日は音を聴いて，何音符かを当てたり，書いたりするクイズをします。（と言って，次ページをプリントにして配布する）
- 教師: ❶を見てください。AとBのどちらかを先生が叩くので，あっている方のアルファベットを〇で囲みましょう。まず，みんなで(1)のAとBを叩いてみましょう。
- 活動: ❶-(1)のAとBを叩いてから，教師の叩くリズムを聴いて，AかBを判断してAかBを〇で囲む。(2)も同様に行う。
- 教師: ❶はみんな正解できました。❷では聴いた音を音符で書きます。空いている１小節目の２拍目にはタンかタタが入ります。(1)にタンとタタそれぞれを入れて叩いてから先生の叩くリズムがどちらかを判断して書きましょう。
- 活動: ❷-(1)の空欄に♩を入れたリズムと♫を入れたリズムを叩いてから，教師の叩くリズムを判断して記譜する。(2)も同様に行う。
- 発展
- 教師: よくできました。今度はさらに難しくなります。１小節目の３拍４拍を聴き取って書きます。２拍にはどのようなリズムが考えられますか？
- 活動: 今まで体験した「タンタン」「タタタタ」「タタンタ（ロケット）」などを発言し，教師は板書する。その中から選んで❸のリズムを叩く。

リズムクイズをしましょう

年　　組　名前

❶ これから先生がAかBのどちらかのリズムをたたきます。正しいほうの記号を○で囲みましょう。

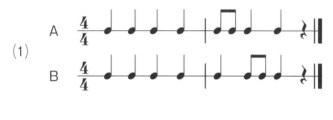

❷ これから先生がリズムをたたきます。空いている拍に ♩か♫を書きましょう。

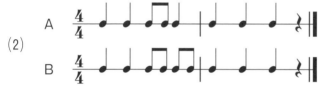

❸ チャレンジ！　2拍、聴き取って書きましょう。

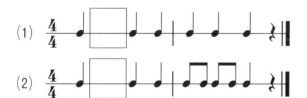

46 「春の小川」を完成させてリコーダーで吹こう

親しんでいる歌を教材とすることで，読譜や記譜に抵抗感なく取り組むことができます。ここでは，3年生の歌唱共通教材の「春の小川」を完成させて吹きます。記譜する音符は4分音符のみです。

要素　音高，リズム　　活動　読譜，記譜，器楽，歌唱

活動の流れ

教師：「春の小川」を覚えていますか？　今日は，「春の小川」の楽譜を読んだり書いたりしてリコーダーで吹きましょう。（と言って，次ページをプリントにして配布する）

教師：「春の小川」で使う音の指使いを❶に載せました。音符を指でたどりながら，ドから高いドまで歌って，戻ってきましょう。

活動：運指表の音符を指でたどりながら「ドレミソラシド，ドシラソミレド」と歌う。（ドレミ体操を継続的に行っている場合は，ドレミ体操をしながら歌うのも効果的である）

教師：上手にできました。ファの音を使わない曲ですね。5，6，7と13，14，15の合計6小節が抜けていますが，ここは，1，2，3小節と同じメロディです。では，階名で歌ってみましょう。

活動：空欄のままで，通して階名で歌う。

教師：よくできました。それでは，6小節の空欄を順番に書いて，書けた人からリコーダーの練習をしましょう。

活動：1，2，3小節と同じ音符を5，6，7小節と13，14，15小節に順番に書く。書けた児童からリコーダーを組み立てて練習する。教師は机間指導をしながら，支援する。その後，全員吹けるようになったことを確認して，全員で吹いたり，クラスを4グループに分けて段ごとにメロディーリレーをしたりして楽しむ。

「春の小川」を完成させてふきましょう

「春の小川」は3年生で歌ったね。

年　　組　名前

❶ 使う音の指使いを確認しましょう。

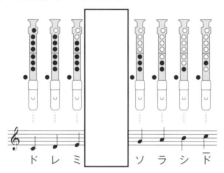

❷ 「春の小川」を完成させて、リコーダーでふきましょう。

春の小川

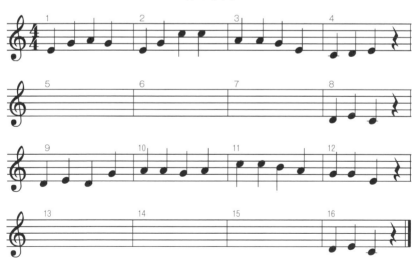

47 「夕やけこやけ」を完成させてリコーダーで吹こう

親しんでいる歌を教材とすることで，読譜や記譜に抵抗感なく取り組むことができます。ここでは，2年生の歌唱共通教材の「夕やけこやけ」を完成させて吹きます。記譜する音符は8分音符のタタのリズムのみです。

要素　音高，リズム　　活動　読譜，記譜，器楽，歌唱

活動の流れ

教師：「夕やけこやけ」を覚えていますか？ 今日は，「夕やけこやけ」の楽譜を読んだり書いたりしてリコーダーで吹きましょう。（と言って，次ページをプリントにして配布し，拡大版を掲示する）「夕やけこやけ」で使う音の指使いを❶に載せました。リコーダーと階名唱を交互にして確認しましょう。

活動：運指表を見て，リコーダーで「ドー」，歌で「ドー」と使う音を確認していく。

教師：上手にできました。ファとシの音を使わない曲ですね。ドレミファソラシドに数字を当てはめて，4と7が抜けている「ヨナ抜き音階」という音階でできています。
この楽譜はタタのリズムが7ヶ所抜けています。これから私が階名で歌いますので，抜けている音を音符でもカタカナでもよいので，メモしましょう。（2年生の教科書を見て指導するとよい）

活動：メモしながら，教師の階名唱を聴く。教師は歌いながら回り指名する児童を考えておく。

教師：それでは，7人の人に出てきてもらって，この拡大プリントに正解を書いてもらいましょう。プリントが完成したら，吹きましょう。

活動：プリントと同じ掲示物に7名の児童が音符を書いて完成させる。他の児童はメモや掲示を見て完成させ，リコーダーで吹き始める。

「夕やけこやけ」を完成させてふきましょう

「夕やけこやけ」には同じ高さの♪♪（タタ）が7拍入るよ。

年　　組　名前

❶ 使う音の指使いを確認しましょう。

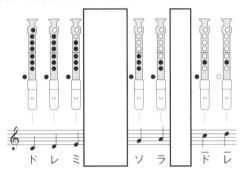

ド　レ　ミ　　　　ソ　ラ　　　ド　レ

❷ 「夕やけこやけ」を完成させて、リコーダーでふきましょう。

夕やけこやけ

48 「とんび」を完成させて リコーダーで吹こう

> 親しんでいる歌を教材とすることで，読譜や記譜に抵抗感なく取り組むことができます。4年生の歌唱共通教材の「とんび」を完成させて吹きます。4年生の教科書を参考に指導するとよいでしょう。

要素 音高，リズム **活動** 読譜，記譜，器楽，歌唱

活動の流れ

教師：「とんび」を覚えていますか？ 今日は，「とんび」の楽譜を読んだり書いたりしてリコーダーで吹きましょう。（と言って，次ページをプリントにして配布する）

教師：「とんび」で使う音の指使いを❶に載せました。音符を指でたどりながら，ドから高いドまで歌って，戻ってきましょう。

活動：運指表の音符を指でたどりながら「ドレミソラド，ドラソミレド」と歌う。（ドレミ体操しながら歌うのも効果的である）

教師：上手にできました。ファとシを使わない「ヨナ抜き音階」ですね。それでは，空欄の説明をします。1小節目が5小節と13小節で繰り返されています。9・10小節が11・12小節で繰り返されています。では，階名で歌ってみましょう。

活動：空欄のままで，通して階名で歌う。

教師：よくできました。それでは，空欄を順番に書いて，書けた人からリコーダーの練習をしましょう。

活動：5・11・12・13小節を順番に書く。書けた児童からリコーダーを組み立てて練習する。教師は机間指導をしながら，支援する。その後，全員吹けるようになったことを確認して，全員で吹いたり，クラスを4グループに分けて段ごとにメロディーリレーをしたり，強弱を工夫したりして楽しむ。

「とんび」を完成させてふきましょう

「ピンヨロー」は原曲では♩..♪♩ですがここではターンタのリズムを使おう。

年　組　名前

❶ 使う音の指使いを確認しましょう。

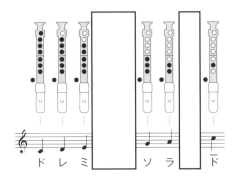

❷ 「とんび」を完成させて，リコーダーでふきましょう。

とんび

49 メロディークイズ（既習曲を聴き取る）①

既習曲でメロディークイズをします。「かえるの合唱」と「かっこう」で例示しています。音の長さと音符，高さと五線の位置を判断して書くことは，読譜力の向上につながります。楽しいおまけの活動も紹介しています。

要素 音高，リズム　**活動** 聴音，記譜，読譜，階名唱

活動の流れ

教師：これからメロディーを聴いて書き取るクイズをしましょう。（と言って次ページを配る）「かえるの合唱」を１回ピアノで全部弾きます。そのあと，２小節ずつ弾きますので，正しい高さに４分音符を書きましょう。

活動：教師が弾くピアノを聴き，「かえるの合唱」の空欄に４分音符を記譜する。児童の取り組み状況により「２小節目は音が順番に降りています。」などヒントを出す。書けたら，階名唱する。「かっこう」も同じように行う。児童の取り組み状況により「２分音符が入るのは８小節目と10小節目」等のヒントを出す。書けたら階名唱する。

教師：**おまけのクイズ**　ピアノの音を聴いて「気を付け」「礼」をしてみましょう。（と言って，$I-V_7-I$ を弾き，児童たちは「気を付け」「礼」「気を付け」をする）とてもよく音の違いを聴き分けていますね。（と言って，次ページをプリントにして配る）今，あいさつをした和音は I（いち）の和音と V_7（ぞくしち）の和音そして I の和音に戻りました。これから $I-V_7-I$（言いながら弾く）か $I-IV-I$（言いながら弾く）を弾きますから，V_7 では礼，IV ではドレミ体操のファのポーズをしましょう。

活動：児童は教師の弾く和音に合わせて「気を付け」「礼」や「ファのポーズ」をする。

メロディークイズをしましょう！

よく先生の弾く音を聴いてね。

年　組　名前

❶ 「かえるの合唱」を聴いて空いているところに4分音符を入れましょう。

かえるの合唱

❷ 「かっこう」を聴いて空いているところに4分音符か2分音符を入れましょう。

かっこう

おまけのクイズ

音楽を聴いて，Ⅰの和音は「気を付け」，Ⅳの和音は「ドレミ体操のファと同じ位置に手を」，V₇の和音は「礼」をしてみましょう。

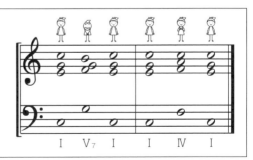

50 日本的なメロディーをつくってリコーダーで吹こう

ここでは，リコーダーで音の動きを確かめながら，日本的なメロディーを楽譜に書き留めます。既習曲の「さくらさくら」の一部を用いることで，取り組みやすくします。

要素 音高　活動 記譜，音楽づくり，器楽

活動の流れ

教師：今日は4年生の時に歌った「さくらさくら」の最初のメロディーを生かして，続きをつくって日本的なメロディーをみんなで楽しみましょう。（と言って，次ページをプリントにして配布する）
使う音は日本的なメロディーにするために，ラシドミファにしましょう。終わりはラの音です。（「さくらさくら」は都節音階の歌であるが，ここでは，ラを主音とするヨナ抜き短音階で作品をつくる）

教師：使う音をリコーダーで吹きましょう。
活動：リコーダーで❶のラシドミファを吹いて確認する。
教師：上手に吹けました。それでは，早速メロディーづくりをします。まず，各自がいろいろ試して，候補を1つか2つつくります。次にグループの中で紹介しあって，その中から選んでもよいし，グループで新たにつくってもよいです。発表する曲を決めて書きます。リコーダーで吹けるよう練習もしましょう。
活動：各自で1～2作品つくり，次にグループで1つ決定する。
教師：それでは，発表してみましょう。全員で2小節目まで吹いて，次にグループでつくった続きを演奏します。
活動：全員→Aグループ発表→全員→Bグループ発表→Cグループ発表のようにつなげて楽しむ。活動後教師は各グループのよさをほめる。

日本的なメロディーをつくってリコーダーでふきましょう

ト音記号も書いてね。

年　　組　名前

❶ 使う音を確認しましょう。

日本的なメロディーにするため、ラシドミファを使います。

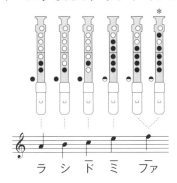

❷ 「さくらさくら」の最初の2小節の続きをグループでつくって発表します。習ったリズムをいろいろ使ってみましょう。

例
候補1
候補2
発表する作品

107

51 リズムアンサンブルを工夫しよう②

一見簡単に見えるリズムパターンでも，叩くところを変えたり，問いと答えみたいにしたり，重ねてみたり，などにより魅力が増していきます。ここでは，3拍子でグループアンサンブルに挑戦します。

要素 リズム，強弱　活動 読譜，身体を楽器にした器楽，音楽づくり

活動の流れ

教師：今日は「叩いてつくってリズムアンサンブル！」をしましょう。（と言って次ページをプリントにして配布する）

教師：🅐とこれからグループでつくる🅑を組み合わせて，グループで面白い音楽をつくってください。まず🅐で例をやってみましょう。

活動：例の1〜4を🅐で試す。その際，🅐を何度か繰り返す。

教師：それでは，🅑をグループでつくって，楽譜にしてから，工夫をしましょう。今まで体験したいろいろなリズムを使うとよいと思います。（と板書し，みんなで1，2，3と言いながら，叩く。3拍子は4拍子に比べて，拍感をもちにくい児童がいることが予想されるので，ここで3拍子の流れを十分体験しておくとよい）

板書例

活動：例を参考に，グループで6拍のリズムをつくった後，構成を工夫し，練習をして発表する。

たたいてつくってリズムアンサンブル！をしましょう

年　組　名前

❶　基本のリズムをたたいたりつくったりしましょう。

❷　工夫してグループで楽しみましょう。

例1　リズムを手拍子と足拍子に分けてたたく。

→つくったリズムも手と足で。

例2　グループを2つにわけて、1拍グループと2・3拍グループでたたき、強弱をつける。

→つくったリズムもグループ別に。

例3　1グループを1小節あとから2グループがおいかける。

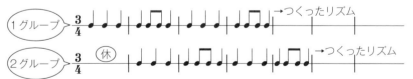

→つくったリズム
→つくったリズム

例4　A─B─A　のようにつなげて、それぞれ工夫する。

❸　裏面も使ってどんどんアイディアをメモして、グループでやってみましょう！

52 「タカタカ♬♬」と「タ タカ♪♬」で「春の海」を味わおう

 高学年の鑑賞では宮城道雄作曲の尺八と箏による「春の海」がよく取り上げられます。ここでは，16分音符の含まれたリズムに着目して，タンギングで楽しみ，「春の海」で使われているリズムであることに気付きます。

要素 リズム，速度　**活動** 鑑賞

活動の流れ

教師　今日は16分音符の入ったリズムに親しみましょう。（と言って，次ページを拡大して掲示する）タ タカ か タカタカ のリズムの入ったまねっこをリコーダーのタンギングでしましょう。

活動　♪♬ または ♬♬ の入った4拍のタンギングのリズム模倣を楽しむ。（例 ♩♬♬♩ ♬♬♩♩ など。♪♬ はトゥートゥク，♬♬ はトゥクトゥクとタンギングするとうまくいく）

教師　上手です。では，Ⓐをドレミファソラシドそれぞれでやってみましょう。（ドで2小節分タンギングする。次にレというようにする）

活動　Ⓐのあとにも⑧も同様にタンギングする。

発展　「春の海」の3部形式（A［緩］B［急］A［緩］）がチャプター分けしてあるCDを用意する。

教師　実はこのⒶとⒷのリズムは「春の海」という音楽のお箏のリズムです。（教科書の該当のページを開くよう指示する）ⒶとⒷのところを聴いて，どのような情景かイメージしましょう。タンギングしたリズムと流れ方が違うかもしれないのがヒントです。

活動　Ⓐは自由リズムのように演奏され，のどかな海の感じ，Ⓑはタンギングしたリズム通りで速く，活気がある感じをとらえる。指揮をしながら聴くと効果的である。その後，教科書を用いて，3部形式や尺八と箏のかかわり方など，詳しく鑑賞する。

今日は16分音符に親しもう。

① 音符の名前と長さを覚えましょう。

音符	名前	長さ
𝅗𝅥	2分音符	
𝅘𝅥.	付点4分音符	
𝅘𝅥	4分音符	
𝅘𝅥𝅮	8分音符	
𝅘𝅥𝅯	16分音符	

② ♬♬(タカタカ)の入ったリズムをタンギングしてみましょう。

Ⓐ

Ⓑ

53 俳句にリズムをつけよう

高学年では国語の時間に俳句や短歌をつくることがよくあります。ここでは俳句の名作とそのリズムに触れ，自分のつくった俳句にリズム譜を書きます。俳句は季節にあったものを教材としましょう。

要素 リズム　活動 読譜，記譜

活動の流れ

準備：国語科で俳句を味わったりつくったりしておく。

教師：国語の時間に俳句を味わったりつくったりしましたね。今日は音楽でも俳句にリズムをつけて楽しみます。（と言って，次ページをプリントにして配布する）例の松尾芭蕉の俳句を一緒に拍の流れにのって読みましょう。

活動：教師の叩く4拍子の手拍子にのって，例の句を唱える。

教師：よくできました。(1)から(3)も拍の流れにのって読みましょう。

活動：教師の叩く4拍子の手拍子にのって，(1)から(3)を唱える。

教師：よくできました。五七五の七の始まりに休符が合う句がありますね。それを考えてそれぞれ2小節目にリズムを書きましょう。

活動：リズムを考えて記入する。グループで考えてもよい。できたら，リズムを叩きながら唱える。

（模範例）まけるないっさ　ひねもすのたり　いわにしみいる

ただし，「いわに」を ♫♩ にする児童がいてもよい。

教師：自分の作品にリズムをつけます。先生は春の運動会の時に「徒競走　子らの歓声　五月晴れ」をつくりました。季語は五月晴れで夏，「子」の前は8分休符を入れたくなりました。では，書きましょう。

活動：各自の俳句にリズムを書く。できたら拍の流れにのって発表する。

つくった俳句にリズムをつけましょう

五七五の七のリズムがいろいろだよ。

年　組　名前

❶　俳句の名作に合うリズムを書きましょう。

〈例〉「荒海や　佐渡によこたふ　天河」松尾芭蕉（天の川：秋）

(1)「やせ蛙　負けるな一茶　これにあり」小林一茶（蛙：春）

(2)「春の海　ひねもすのたり　のたりかな」与謝蕪村（春の海：春）

(3)「閑さや　岩にしみ入　蝉の声」松尾芭蕉（蝉の声：夏）

❷　自分のつくった俳句にリズムをつけましょう。

（季語　　　　：季節　　　　）

54 強弱に気をつけて「ふるさと」の指揮をしよう

グループで「ふるさと」の強弱を考えて指揮をする活動です。もともとついている強弱記号を手掛かりに，どのくらいの大きさで歌ってほしいか，そのためにどのように指揮したらよいかを考えて振ります。

要素 音高，リズム　**活動** 指揮，歌唱

活動の流れ

準備：「ふるさと」の歌詞唱をしておく。

教師：今日は前回歌った「ふるさと」にいろいろ強弱をつけて指揮をして，それに合わせて他のお友達が歌って楽しみましょう。（と言って，次ページを拡大して貼る）まず3拍子の指揮をしながら歌ってみましょう。

活動：3拍子の指揮をしながら「ふるさと」の歌詞唱をする。

教師：上手です。今日は，教科書についている p，mf，＜，＞をどのくらいの大きさで歌ってほしいか，そのためにどのように指揮をしたらよいかを考えます。では，1小節目をものすごく小さい声で，そして4小節目にとても大きな声で歌ってほしいという気持ちで指揮をしながら1段目を歌いましょう。

活動：小さい図形から大きな図形にし，大げさな強弱をつける。

教師：なんだかすぐ目の前に山がそびえるような気持ちになりました。思い出を歌っているところなので，ここまで大きくないほうがよいかもしれませんね。では相談して指揮の練習もしましょう。

活動：グループで強弱を話し合う。グループ全員が指揮をし，他の児童がそれを見ながら歌う。歌った後で，指揮をしたグループにイメージ通りの歌声だったかをきき，「思ったような強弱でした。」「もう少し p（ピアノ）を小さく歌ってもらうイメージでした。」など振り返る。

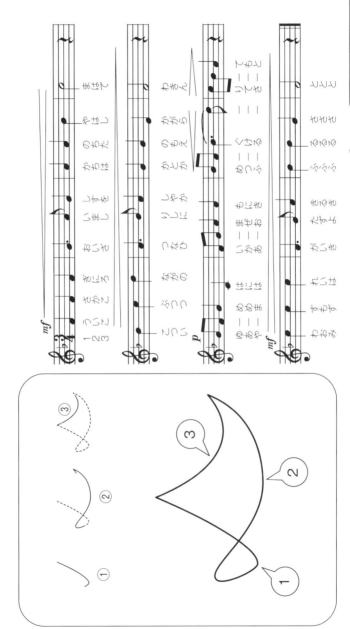

55 リズムクイズ②

音を聴いて楽譜に記す活動です。自分で音の長さと音符を判断して書くことは、読譜力の大きな向上につながります。2拍聴き取ることから始めて、1小節分挑戦します。

要素 リズム　　活動 記譜

活動の流れ

教師：今日は音を聴いて、何音符かを考えて、書くクイズをします。（と言って、次ページをプリントにして配布する）

教師：❶を見てください。空いているところにタン（♩）かタタ（♫）を入れます。まず、2つともタンを入れて(1)を叩いてみましょう。

活動：❶-(1)で2つとも♩と♫を体験してから、リズム聴音をする。(2)も同様に行う。児童の様子を見ながら、ゆっくり何度も繰り返し、全員書けるようにする。

教師：みんな正解できました。次は2拍分を聴き取ります。2拍のリズムはどのようなものがありますか？

活動：今まで体験した「タンタン」「タタタタ」「タンタタ」「タタタン」「タタンタ（ロケット）」などを児童が発言し、教師は音符で板書する。

〈板書の例〉

その中から選んで叩く。

発展
教師：よくできました。それでは、❸はチャレンジです。1小節聴き取って書きます。この黒板のリズムを2つ使いますよ。

活動：教師の叩く2小節のうち、1小節を判断して記譜する。教師は様子を見ながら、何度も繰り返して書けるようにする。

リズムクイズをしましょう

年　　組　名前

❶ これから先生がリズムをたたきます。空いている拍に ♩か♫を書きましょう。

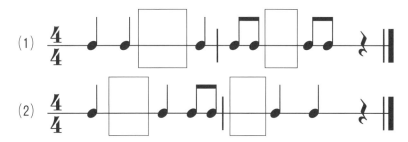

❷ 2拍を聴き取って書きましょう。

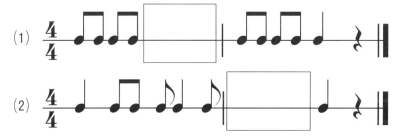

❸ **チャレンジ！**　1小節目を聴き取って書きましょう！

56 「春がきた」を完成させてリコーダーで吹こう

親しんでいる歌を教材とすることで，読譜や記譜に抵抗感なく取り組むことができます。ここでは，2年生の歌唱共通教材の「春がきた」を完成させて吹きます。後半すべてを記譜することに挑戦します。

要素 音高，リズム　**活動** 読譜，記譜，器楽，歌唱

活動の流れ

教師　「春がきた」を覚えていますか？　今日は，「春がきた」の楽譜を読んだり書いたりしてリコーダーで吹きましょう。（と言って，次ページをプリントにして配布する）
「春がきた」で使う音の指使いを❶に載せました。音符を指でたどりながら，ドから高いミまで歌って，戻ってきましょう。

活動　運指表の音符を指でたどりながら「ドレミファソラドレミ，ミレドラソファミレド」と歌う。（活動16のドレミ体操をしながら歌うのも効果的である。

教師　上手にできました。シの音を使わない曲ですね。この曲は1から4小節のリズムと同じリズムで空欄の5から8小節ができています。階名唱を覚えてから，書きましょう。では，2小節ずつ先生のまねをして歌ってください。

活動　教師が2小節の階名唱をする→児童はまねをする，を繰り返し，階名唱で全部歌えるようにする。

教師　よくできました。上の段のリズムを参考に，覚えた階名唱を生かして書き，書けた人からリコーダーの練習をしましょう。

活動　書けた児童からリコーダーを組み立てて練習する。その後，全員吹けるようになったことを確認して，全員で吹いたり，クラスを2グループに分けて段ごとに問いと答えのようにしたりして楽しむ。

「春がきた」を完成させてふきましょう

「春がきた」は2年生で歌ったね。

年　組　名前

❶ 使う音の指使いを確認しましょう。

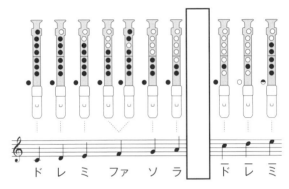

❷ 「春がきた」を完成させて，リコーダーでふきましょう。

春がきた

57 「かたつむり」を完成させてリコーダーで吹こう

親しんでいる歌を教材とすることで、読譜や記譜に抵抗感なく取り組むことができます。ここでは、1年生の歌唱共通教材の「かたつむり」を完成させて吹きます。タッカのリズムを含めて中間部分すべてを記譜します。

要素　音高，リズム　　活動　読譜，記譜，器楽，歌唱

活動の流れ

教師：「かたつむり」を覚えていますか？ 今日は、「かたつむり」の楽譜を読んだり書いたりしてリコーダーで吹きましょう。（と言って、次ページをプリントにして配布する）
「かたつむり」で使う音の指使いを❶に載せました。音符を指でたどりながら、ドから高いドまで歌って、戻ってきましょう。

活動：運指表の音符を指でたどりながら「ドレミファソラド、ドラソファミレド」と歌う。（ドレミ体操しながら歌うのも効果的である）

教師：上手にできました。シの音を使わない曲ですね。この曲は1から4小節のリズムと同じリズムで空欄の5から8小節ができています。階名唱を覚えてから、書きましょう。では、2小節ずつ先生のまねをして歌ってください。

活動：教師が2小節の階名唱をする→児童はまねをする、を繰り返し階名唱で全部歌えるようにする。

教師：よくできました。上の段のリズムを参考に、覚えた階名唱を生かして書き、書けた人からリコーダーの練習をしましょう。

活動：書けた児童からリコーダーを組み立てて練習する。その後、全員吹けるようになったことを確認して、全員で吹いたり、クラスを3グループに分けて段ごとに吹いたりして楽しむ。

「かたつむり」を完成させてふきましょう

「かたつむり」はタッカのリズムが入っているね。

｜　年　　組　名前　　　　　　　　　｜

❶ 使う音の指使いを確認しましょう。

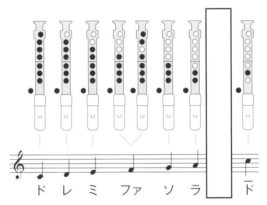

❷ 「かたつむり」を完成させて、リコーダーでふきましょう。

かたつむり

58 メロディークイズ（既習曲を聴き取る）②

既習曲でメロディー聴音をします。自分で音の長さと音符，高さと五線の位置を判断して書くことは，読譜力の大きな向上につながります。いろいろなリズムの曲や日本の音階の曲の聴き取りにも挑戦します。

要素 音高，リズム　**活動** 聴音，記譜，読譜，階名唱

活動の流れ

教師：これからメロディークイズをしましょう。（と言って，次ページをＡ４かＢ４に拡大してプリントにし配る）フォスター作曲「主人は冷たい土の中に（静かにねむれ）」を１回ピアノで全部弾きます。そのあと，２小節ずつ弾きますので，正しい高さに当てはまる音符を書きましょう。

活動：教師が弾くピアノを聴き，❶の空欄に正しく記譜する。児童の取り組み状況により「５，６小節は１，２小節と同じですね。」などヒントを出す。書けたら，階名唱をして確かめる。❷も同じように行う。

※❶と❷を別の授業日に行ってもかまわない。また，児童が好むポップスなどをメロディークイズ教材として，空欄補充をすると意欲が増す。ただし，ポップスは言葉が多く，リズムが複雑になることが多いので教材選択に気をつけよう。

教師：**おまけのクイズ**　今まで，Ⅰ-V_7-Ⅰ（言いながら弾く）かⅠ-Ⅳ-Ⅰ（言いながら弾く）を弾いて，V_7では礼，Ⅳではファのポーズをしました。今日はⅠ-Ⅳ-V_7-Ⅰも出てきますので，聴き分けてポーズをしましょう。

活動：児童は教師の弾く和音に合わせて「気を付け」「礼」や「ファのポーズ」をして楽しむ。

メロディークイズをしましょう！

先生の弾く音を
よく聴いてね。

年　　組　名前

❶
チャレンジ！

いろいろなリズム
を使っています。

❷
チャレンジ！

日本のメロディー
を聴き取ります。

おまけのクイズ　音楽を聴いて，Ⅰの和音は「気を付け」，Ⅳの和音は「ドレミ体操の
ファと同じ位置に手を」，V_7の和音は「礼」をしてみましょう。

59 自分の俳句にメロディーをつけよう

活動53で自分のつくった俳句にリズムをつけました。今度は、それをもとにメロディーをつくります。今まで学んだスキップリズムを取り入れてもよいことにし、その俳句があらわす世界を表現します。

要素 音高，リズム　活動 読譜，記譜

活動の流れ

準備　活動53を経験しておく。

教師　自分のつくった俳句にリズムをつけて楽しみましたね。今日はそのリズムを使ってメロディーをつくります。俳句が歌になりますね。（と言って次ページをプリントにして配布する）
復習として，自分の俳句を言いながら，リズムを叩いてみましょう。

活動　児童は拍の流れにのって俳句を言いながらリズムを手で叩く。

教師　上手にできました。さて，まとまりのあるメロディーにするために，「はじめの音はドミソのどれか」「終わりの音はド」というルールでつくりましょう。私がつくった俳句の「徒競走　子らの歓声　五月晴れ」にメロディーをつけてみました。

活動　教師が歌う「徒競走　子らの歓声　五月晴れ」を聴き，「思い」を読み合せる。

教師　私はウキウキした気持ちをスキップリズムで表しました。みんなも躍動的な感じにしたいところは，スキップリズムを試しましょう。俳句のあらわす世界にぴったりの音楽をつくってください。

活動　リコーダーを吹いて確かめながら，自分のつくった俳句にメロディーをつける。教師は机間指導をして，個別に助言する。完成したらグループ内で発表して楽しむ。

つくった俳句にメロディーをつけましょう

年　　組　名前

❶ （復習）自分のつくった俳句のリズムを書きましょう。

❷ リズムをもとに，リコーダーで試しながら俳句にぴったりのメロディーをつくりましょう。（ドミソのどれかで始まり，ドで終わりましょう）

例　「徒競走　子らの歓声　五月晴れ」（五月晴れ：夏）

思い：クラスのみんなの歓声を目立たせたくて高い音にしました。そして、みんなの頑張りでウキウキしたので、スキップリズムを取り入れました。

❸ つくってみましょう。

❹ 清書しましょう。

思い：

60 まとまりのあるメロディーをつくってリコーダーで吹こう

ここでは，今まで学んだことを生かして4小節のメロディーを作ります。ヨナ抜き長音階かヨナ抜き短音階を選んで，リコーダーで試しながらまとまりのある旋律をつくります。

[要素] 音高　[活動] 記譜，音楽づくり，器楽

活動の流れ

教師：今日は今まで身につけた楽譜を読んだり書いたりする力を存分に発揮して，音楽をつくって書き留めます。（と言って次ページをプリントして配布する）まず，ヨナ抜き長音階とヨナ抜き短音階で使う音をそれぞれ聴いてみましょう。どちらを使いたいか考えてください。

活動：教師の吹く「ヨナ抜き長音階（ドから始めて上行したり下行したりしてドで終わる）」と「ヨナ抜き短音階（ラから始めて上行したり下行したりしてラで終わる）」を聴く。

教師：どちらを使いたいか，理由も含めて言いましょう。

活動：児童が何人か発言する。（例：「明るい感じがするので，ヨナ抜き長音階を使いたいと思いました。」「心が休まる感じがするので，ヨナ抜き短音階を使いたいと思いました。」など）

教師：それでは，自分の使いたい音階が決まったら，曲名を考えてリコーダーで試しながら書き留めましょう。まとまりのある音楽にするためにルールがあります。（と2番を読み合わせる）では，始めましょう。今まで学んだリズムをいろいろ使ってもいいですし，迷った人は黒板の例を使いましょう。
（｜♩♩♩♩｜♩♩♩♩｜など）

活動：児童がいろいろ試しながら作品をつくる。完成したらグループ内で発表して楽しむ。

素敵な音楽をつくってリコーダーでふきましょう

リコーダーで試しながら素敵な曲をつくってね。

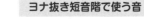

年　　組　　名前

❶　ヨナ抜き長音階とヨナ抜き短音階をふき比べて、どちらの音階を使うか決めましょう。

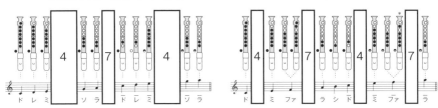

❷　4分の4拍子で4小節のまとまりのあるメロディーをつくりましょう。

ルール
♪曲名をつける
♪〈ヨナ抜き長音階の人は〉ドミソのどれかで始めて、ドで終わる。
♪〈ヨナ抜き短音階の人は〉ラドミのどれかで始めて、ラで終わる。

曲名：

❸　つくってみましょう。（ト音記号を書いて始めましょう）

作品

発表用

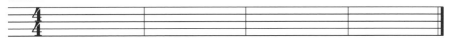

【著者紹介】

今村　央子（いまむら　ひさこ）
東京藝術大学作曲科，同大学院ソルフェージュ科修了。1992年渡仏。パリ国立高等音楽院にて和声科，対位法科，フーガと形式科を審査員全員一致の一等賞，ピアノ伴奏科を審査員全員一致の二等賞を得て卒業。現在国立音楽大学准教授，日本ソルフェージュ研究協議会理事。主な著書に『「音楽づくり」成功の授業プラン』『「創作」成功の授業プラン』（共著，明治図書）など。

酒井　美恵子（さかい　みえこ）
国立音楽大学音楽学部器楽学科ピアノ専攻卒業。東京都の公立中学校の音楽科教諭及び指導主事を経て現在，国立音楽大学准教授。主な著書に『リトミックでつくる楽しい音楽授業』『「音楽づくり」成功の授業プラン』『「創作」成功の授業プラン』『プロの演奏でつくる！「日本・アジアの伝統音楽」授業プラン』『音楽科授業サポートＢＯＯＫＳ　導入・スキマ時間に楽しく学べる！小学校音楽「魔法の５分間」アクティビティ』（共著，明治図書）など。

〔本誌，表紙　音符キャラクター〕よつば舎あべみちこ

音楽科授業サポートBOOKS
楽譜がみるみる読める！
小学校音楽　音符＆リズムワーク

| 2015年11月初版第1刷刊 | ©著者 | 今　村　央　子 |
| 2019年7月初版第6刷刊 | | 酒　井　美恵子 |

発行者　藤　原　久　雄
発行所　明治図書出版株式会社
　　　　http://www.meijitosho.co.jp
　　　（企画）木村悠（校正）坂元菜生子
〒114-0023　東京都北区滝野川7-46-1
振替00160-5-151318　電話03(5907)6702
　　　　　ご注文窓口　電話03(5907)6668

＊検印省略　　　組版所　株式会社明昌堂

本書の無断コピーは，著作権・出版権にふれます。ご注意ください。
教材部分は，学校の授業過程での使用に限り，複製することができます。

Printed in Japan　　　　　　　　　　ISBN978-4-18-154914-5
JASRAC 出 1510144-906

もれなくクーポンがもらえる！読者アンケートはこちらから →